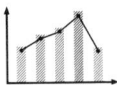

新手财会一周通系列丛书

一周教你学会最实用、最简单的出纳知识和技能。

U0610923

新手出纳
一周通

透彻讲解最新准则，轻松掌握做账要领，轻松击破出纳业务实战难题。

Monday　Tuesday　Wednesday　Thursday　Friday

经济管理出版社

ECONOMY & MANAGEMENT PUBLISHING HOUSE

图书在版编目（CIP）数据

新手出纳一周通/罗珩编著. —北京：经济管理出版社，2009.9

ISBN 978-7-5096-0677-3

Ⅰ. 新… Ⅱ. 罗… Ⅲ. 现金出纳管理—基本知识 Ⅳ. F23

中国版本图书馆 CIP 数据核字（2009）第 113077 号

出版发行：**经济管理出版社**

北京市海淀区北蜂窝 8 号中雅大厦 11 层

电话：(010)51915602　　　　邮编：100038

印刷：北京晨旭印刷厂　　　　　　　　经销：新华书店

组稿编辑：勇　生　　　　　责任编辑：勇　生　魏晨红
技术编辑：晓　成　　　　　责任校对：郭　佳

720mm×1000mm/16　　　　　12 印张　　　165 千字
2009 年 9 月第 1 版　　　　2010 年 6 月第 2 次印刷

定价：28.00 元

书号：ISBN 978-7-5096-0677-3

总　序

　　"竞争"在当下是一个频繁出现的词语，要想在竞争中脱颖而出，一定要有自己的专长，才能在激烈残酷的竞争中立于不败之地，为自己赢得一个赖以生存的金饭碗。各行各业都存在着竞争，作为财务人员，只有精通财务会计知识，才能牢牢地端稳你手中的金饭碗。

　　知识的竞争实质上是技能的竞争，只有主动学习和善于运用的人，才能在竞争中占得先机，改变未来的命运。

　　许多人在初到会计岗位时，会有这样的困惑：我已经学了很多会计基础知识，为何在面临实际工作中的难题时却底气不足？答案是：缺少实务操作方面的知识，因为与其他学科相比，会计工作恰恰重在实践。

　　为了帮助广大读者尽快胜任会计工作，本套丛书摒弃了生硬地阐述理论知识，加入大量会计实例和应对技巧，力求做到"易懂、易学、易操作"。

　　这套《新手财会一周通》丛书，系统地介绍了会计、出纳、纳税各项基本业务的核算与解决之道，并且通过大量实例说明相关的会计处理过程，具有较强的实操性。

　　本套丛书让初学者用最短的时间、花最少的精力掌握会计业务的技能，学会所应掌握的会计系列知识，从而在工作中得心应手。

　　与同类书籍相比，本书在版式和内容设计上力求做到要点化、图表化、功能化。每一节都有相关的测试题；书内重点知识点都标有符号，设计了不同类型的图案、表格，并配以大量实例，使财会初学者用最短的时间、花最少的精力掌握财会业务的技能，以快速适应岗位要求。

　　编者力求用浅显的语言阐述生硬的财会原理、财会流程等知识，从而让财会学习过程变得更加轻松。

前　言

金融危机、公司裁员、百万大学生待业等新闻充斥着媒体，如何守住手中的饭碗成为职场人员关注的问题。如何在出纳岗位立足，如何打造出纳职业的"铁饭碗"是每个出纳人员需要解决的问题。

面对复杂的票据、大笔的资金及烦琐的报税事务，新入职的出纳员会感到晕头转向！

怎样才能迅速地熟悉出纳的工作流程？

怎样才能处理好收付款业务？

怎样才能让自己掌握纳税的技巧？

怎样才能让那些复杂的票据变得简单？

这些问题深深地困扰着出纳人员。

的确，出纳是一门专业性较强的工作，即使是研读会计专业的高才生，初次走上出纳的工作岗位时也会不知所措，找不到头绪。

为了解决出纳新手的这些难题，本书在版式上大胆创新，读者只要按照本书的学习计划进行，一周后，就可以完全胜任出纳工作。

如果你还在为是否可以顺利通过试用期而担忧；

如果你还在渴望得到领导的肯定；

如果你希望自己的财务职场路越走越宽。

请你阅读此书！

此书可以让你在一周后顺利掌握出纳的工作流程、处理收付款业务的技能及合理报税的技巧；此书可以让你在一周后，成为领导眼中的红人、公司的财务骨干，能让你在财务工作中如鱼得水、游刃有余。

有的出纳人员认为"出纳只是收收钱，付付账而已，无技术含量可言"。持这种认识的人只看到了出纳工作的表象，而没有看到出纳工作的本质。

俗话说："三百六十行，行行出状元。"如果说出纳的工作无技术含量，那么在常人眼里只动动剪刀的理发，岂不是更简单？

出纳人员如果不甘平庸，不满足现在的技能水平，想获得更大的突破，也请阅读此书。此书会解答你在工作中遇到的困惑，让你的出纳技能更为娴熟、科学。

全书分为七大板块，详细讲解了出纳人员要掌握的基础知识、账簿知识、现金和银行存款收付业务办理的技能、票据结算的技能及合理纳税的技能，力求将知识做到要点化、图表化、功能化，使内容具有很强的操作性，大量的工作实例，可以让出纳人员在短时间内掌握出纳工作的技巧。

同时，为了帮助出纳人员"温故而知新"，本书在每堂课的后面配备了相关的随堂测试，出纳人员学习时可以利用这些测试检验自己的学习效果，发现问题后要及时从书中查找答案，不要将疑问带到工作中。

职场如战场，此书正是出纳人员在竞争中脱颖而出的枕边书，它可以帮你破解各种出纳难题，走出出纳迷局，实现出纳技能的飞跃！

本书的出版要特别感谢杨潇楠、张丽丽、王彦、王红杰、刘继英、刘亚楠、任艳灵、李海丽等人提供的意见和给予的帮助。

目　录

周一　解读出纳

上午　走进出纳

◇ 第一堂　初识出纳

一、出纳"姓"什么——什么是出纳

说起会计，一般人还可能说出个"一二三"，可是提出纳，知道的人就很少了，经常会将出纳等同于会计，那么出纳是会计吗？

回答是否定的。两者联系紧密但并不相同。在日常工作中财务的管理有两部分工作，一个是管账，记录钱财的支出与收入；一个是管钱，负责收钱和付账，这两个工作你会选择哪一个？如果你选择管账，那就选择了会计工作，如果你选择了管钱，那就选择了出纳工作。管钱管物是对出纳工作的简单概述。

从专业角度来讲，出纳是指按照有关规定和制度，办理本企业的现金收付、银行结算及有关账务，保管库存现金、财务印章及相关票据等工作的总称。

出纳工作的范围很广，可以是企业会计部门专设出纳机构的票据、货币资金、现金和银行存款的收付业务处理，也可以是企业业务部门的货币资金收付、保管等方面的工作。

在一些人眼里出纳是一项没有分量的工作，岗位的设置没有必要。出纳工作果真不重要吗？

非也，出纳工作是企业经济活动的重要一个环节，以直接的方式参与经济活动。如在企业进行的货物购销活动中，货款的结算需要出纳工作直接完成，出纳不支付货款或延期支付都会对货物的购销活动产生影响。其他财务工作，通常不直接参与经济活动，只对其起监督作用。

出纳还是企业管理工作的重要部分，出纳通过对货币资金与有价证券进行保管，对银行存款和各种票据进行管理，企业在进行投资决策时需要根据出纳提供的资金进行数据分析研究，一些出纳人员会直接参与企业的方案评估、投资效益预测分析等。出纳对企业的资金使用效益的研究在一定程度上影响了企业的决策方案。

【例1-1】北京某连锁公司2007年提出了投资扩建20家连锁店的投资方案，当时该公司的销售、营销等多个部门对此方案进行了深入的调查研究，认为投资方案成功的可能性为90%，决策者也为此投资方案感到兴奋。当出纳人员将公司的财务报告向各部门宣读时，整个公司由原来的兴奋变成了冷静。根据出纳人员出示的报告，如果公司扩建连锁店，资金将会出现断层，资金链的中断是一个企业生存的大忌。史玉柱最初开办的巨人公司就是因为资金链断层而倒闭。如果史玉柱可以像北京这家公司一样冷静地听取出纳人员的报告，历史可能就会改写。

由此可以看出，出纳工作很重要，它通过对现金、支票、有价证券和财务印章等工作的管理来影响企业的经济活动和工作效率。

二、出纳的个性——出纳工作的特点

布希曼曾说："每个人都是自己个性的工程师。"个性使我们与众不同，工作也有自己的个性，工作自身的特点和规律造就了工作的不同个性。人际交往中要想与人相处融洽，就需要了解人的个性特征，而要想做好一份工作同样需要掌握工作的个性，这样才能在较短时间内掌握工作的核心内容，俗话说"打蛇打七寸"，要想迅速地驯服你的工作就必须掌握工作的特点和规律。

出纳工作具有会计工作的属性，但又有自己独特的个性，这也是企业专门设立出纳岗位的原因。出纳是项专门的技术，有自己的特点，要想成为一位出色的出纳人员就需要掌握出纳工作的主要特点。

出纳工作的主要特点有四个：社会性、专业性、政策性和时间性。

（一）社会性

出纳的社会性指出纳工作的完成需要和社会许多行业、个体发生联系，不能脱离社会进行工作。出纳工作担负一个企业货币资金的收付、存取的任务，这就决定了出纳工作要与社会经济活动联系紧密。大到公司购买大型机器，小到公司发放福利品等，这些活动都离不开出纳人员，出纳人员需要与大型机器的卖方及福利品的卖方发生联系。出纳人员为了完成结算，还需要经常与银行打交道，这一切就决定出纳工作的社会性，这一特性要求出纳人员必须具备一定的社交能力。

（二）专业性

专业性是出纳工作的第二个特点。出纳工作是会计工作的一个重要岗位，有专门的操作技巧和工作法则，绝不是一些人认为的只要会数钱、会计算加减法就可以胜任的。出纳工作中凭证的编制和填写、账簿的记录等都很有学问，就算是简单的保险柜的使用与管理也有窍门，如果使用不当，会给钱物带来威胁。出纳和其他工作一样，需要经过专门的职业教育，具备一定的职业技能才能胜任，同时还需要在实践中积累经验，从入门到胜任，从胜任到优秀，需要长期的实践才能完成。

（三）政策性

出纳工作与其他工作的不同之处还在于它有较强的政策性。出纳工作的每一个环节都必须遵循国家政策规定，如办理现金收付要按照国家现金管理规定进行，办理银行结算业务要根据国家银行结算办法进行。是否掌握了相关的法规是从业人员能否做好出纳工作的关键，如果出纳人员不了解政策法规，很有可能违反财经纪律，情节严重者会受到法律的制裁。

（四）时间性

今日事今日毕，时间就是金钱，用来形容出纳工作再合适不过，出纳工作的工作任务决定了其具有较强的时间性，如员工的工资发放，通常会有一个固定日期，出纳人员需要按时发放员工的工资，如果经常拖延不仅会给财务工作带来不必要的麻烦，还会影响企业的形象和工作效率，使员工对企业产生不信任感。特别是对一些重要账单的核对，企业都有严格的时间要求，一天都不能延误，这就要求出纳人员要有较强的时间意识，对工作进度做到心中有数，有序地完成各项工作并保证工作质量。

三、出纳人员的职责

职责就是职能和责任，是一个人应该做且必须要做的事情。工作岗位不同，职责也就不同，出纳是会计工作的重要环节，主要负责现金收付、银行结算等工作，如果这些工作出现差错，不仅会影响个人，还会对企业乃至国家造成损失。那么，出纳人员要如何尽职尽责地做好这些工作呢？《会计法》、《会计基础工作规范》等财会法规对其做出了具体规定，内容如下：

（一）严格遵守现金开支范围

按照我国《现金管理暂行条例实施细则》的规定，只有职工工资、各种工资性津贴；个人劳动报酬，包括稿费和讲课费及其他专门工作报酬；支付给个人的各种奖金，包括根据国家规定颁发给个人的科学技术、文化艺术、体育等各种奖金等八个方面才可以使用现金支付。出纳人员必须严格遵守此规定，不属于此范围的坚决不能使用现金支付。出纳人员在每日下班前都要进行现金核对，发现问题要及时反映，并配合有关部门将问题尽快解决。

（二）严格按照会计制度的规定办理业务

为了规范出纳人员的业务行为，会计制度对出纳人员的工作提出了具体要求，出纳需要按照规定进行。如办理现金业务时，要严格审核相关的原始凭证，然后根据真实的原始凭证编制收付款凭证，核对无误后再根据编制好的收付款凭证按顺序逐笔登记现金日记账和银行存款日记账，并结出余额，同时保证余额无误。

(三) 严格按照国家外汇管理有关规定办理外汇业务

加入 WTO 后，我国与国际间的交往日益频繁，外汇出纳业务也随之越来越多，而且外汇出纳业务较国内出纳业务更为复杂，这就需要出纳人员熟悉国家外汇管理的有关规定、精通外汇业务，能够及时办理结汇、购汇、付汇，避免给国家造成损失。

(四) 严格遵守银行结算制度的规定

根据银行结算制度的规定，出纳人员不能签发空头支票，更不能将企业的银行账户租借给他人办理结算，《违反银行结算制度处罚规定》第六条中规定：企业出租、出借账户，除责令其纠正外，按账户出租、出借的金额处以5%但不低于 50 元的罚款，并没收出租账户的非法所得。出纳人员要严格遵守此规定，只有严格管理支票和银行账户才能保证企业的利益不受损失，同时这样也能避免出纳人员的经济犯罪行为，出纳人员一定要谨慎。

(五) 保证库存钱财的安全与完整

出纳人员管理着企业的万贯家财，保障这些钱财的安全与完整是出纳人员的基本职责。如果因管理不善或其他原因造成钱财短缺，出纳人员要进行赔偿，如果数额巨大，出纳人员还要受到法律的制裁。所以，出纳人员要尽全力保护库存现金的安全，与其他财务人员共同建立适合本企业的保管责任制。

(六) 保管有关印章、空白收据和空白支票

银行是凭借企业的印章和支票向企业支付存款的，一旦印章和支票丢失，他人就可以到银行冒领存款，这样就会给企业造成经济损失。上海某公司就曾因丢失印章和支票而被他人冒领 100 万元，出纳人员也因此受到了相应的处罚。所以出纳人员一定要加倍细心，高度重视印章、支票和收据的保管工作。

四、出纳人员的权限

权即权力；限即限制。有限制的权力就是权限，指工作人员职能权力的范围，权、限是工作人员必备的两个方面，没有职能的权力，工作人员的工作就不能开展；反之，权力过大，没有限制，也会出现问题。所有的事情只有在一定的范围内才能朝着正确的方向进行。出纳工作也如此，根据《会计法》、《会计基础工作规范》等财会法规，出纳人员的权限有以下三条：

（一）抵制不合法的收支和弄虚作假，维护财经纪律

出纳人员是一个企业的钱财保管员，出纳人员的行为关系着企业的财产安全和财经纪律。为了增强财会人员的纪律性，《会计法》对会计人员如何维护财经纪律做出了具体规定，如《会计法》第二章第十四条规定："原始凭证记载的各项内容均不得涂改；原始凭证有错误的，应当由出具凭证的企业重开或者更正，更正处应当加盖出具企业的印章。原始凭证金额有错误的，应当由出具企业重开，不得在原始凭证上更正。"出纳是企业钱财的关卡和前哨，所以出纳人员应增强法律意识，抵制不正之风。

（二）参与货币资金管理的权力

讲解出纳的定义时我们提到过，出纳人员主要负责钱物的管理，我国现金管理制度和银行结算制度就对出纳人员的这一权限进行了明确规定。出纳人员参与货币资金的管理，不仅是出纳工作的意义所在，同时还是本企业及银行管理货币资金的基础。各企业为了保证资金的安全，都会对库存现金的数额做出限制性的规定，如河北某高中学校规定库存现金不能超过 3 万元，如果金额大于这个数目，出纳人员必须将多余的部分存入银行。这样不仅保证了资金的安全，同时也便于银行利用社会资金进行存贷款的业务计划。由此我们可以看出出纳工作很重要，并不是无足轻重。

（三）有效利用货币资金的权力

出纳工作掌管着企业的货币资金，对货币资金的往来比较清楚。领导安排资金时难免会提出一些不利于资金周转的决策，作为出纳员有权向领导提出合理的建议，高效利用货币资金是出纳员义不容辞的责任。如果出纳员只被动地听从领导的安排，不能明确地认识到出纳工作对整个企业的重要作用，抱着做一天和尚撞一天钟的心态工作，就不能成为一位出色的出纳员。

【例1—2】广州某公司提出将员工工资上涨一倍时，所有的出纳人员都清楚这个决定将会导致公司资金周转不灵，但是大多数出纳人员只是在那里抱怨公司的决定太草率，却没有向公司提出建设性的意见。只有一位新来的出纳人员，详细地列举了公司的资金利用度，并主动向领导提出了建议。领导研究了这个出纳人员提供的报告后，发现涨工资的决定过早了些，便听从这位出纳员的建议，将计划暂时放下了。而这位新来的出纳员也因此破格转为正式员工。

出纳人员的工作很重要，正如人们所说，认识决定对事物的态度，态度决定行动，行动决定结果。如果你认为出纳工作很重要，并积极主动地工作，那么出纳就可以在企业中发挥其重要作用，如果你认为出纳不重要，消极被动地工作，那么出纳员也就真的只是点点钞票而已了。

随堂测试

1. 出纳的定义。

2. 出纳的工作特点。

◇ 第二堂　出纳人员的业务处理

俗话说："没有规矩，不成方圆"，出纳人员办理业务时，也要遵守相关的规定，按法定程序办理，否则财会工作就会一片混乱，不成"方圆"。下面我们就来介绍一下出纳业务处理的程序：

（一）收款程序

出纳部门收入现金，须凭现金收入传票（包括视同现金收入传票的各项凭证）收款，其程序为：

（1）出纳人员收入现金时，要根据现金收入传票点收现金，鉴定现钞真伪无误，核对完毕后要在现金收入传票上加盖"收款日戳"及"分号"，同时要加盖出纳人员的私章。

（2）签发凭证或信托单时，要在传票下端登记"号码牌"号数，同时"号码牌"交给客户，客户凭此到有关部门领取所需要的凭证。

（3）将收款后的传票依序入账。

①现金收入账。

②现金收入日记账后，传票及附件要交给有关部门办理。

③各部门的手续工作办理完之后，出纳人员要将依序收回"号码牌"，并凭此交付信托单或凭证等。

（二）付款程序

出纳人员办理付款业务时须持有付出现金支出传票才可以办理，否则视为违法。

（1）出纳人员的付款传票，需要经过经办员、会计人员及各级主管人员核查签章后才能付款。

（2）出纳人员接到付款传票后，要仔细核查传票的签章，并将传票按照每日第一号的顺序排列，按照先现金支出账，后现金支出日记账的顺序入账。

（3）付款时出纳人员还应在传票及附件上加盖"付款日戳"及私章，并核查款项是否有误，确定无误后，依照传票左端所记号码呼号，将"号码牌"从客户手中收回后再付款。

（4）出纳人员的企业签发的支票采用实名制，支票上应包括主管人员、会计人员及出纳人员的印章。

（三）出纳事务

1. 现金的提存

（1）出纳人员将现金送往银行或从银行支取现金时，如果数额较大应由专门人员陪同，保障金额的安全。

（2）每日营业终了时，除留一部分充为次日营业开始时必要的支付资金外，所有款项应尽量送存银行。

2. 库存

（1）现金库存只以现金为主，其余票据、借据及取款凭证都不能作为现金抵充库存。

（2）库存现金要记入"现金库存表"，并且库存额要与表单上的数字相符，如发现不符的现象时要查明原因，并向主管人员报告，对于当日不能查明的金额，次日继续调查。

3. 贵重物品的保管

业务往来中，难免会有一些金额较大的物品，如有价证券等，这些物品应由出纳人员放在自己专用的金库中，并且要由经办人员成扎或整箱密封和主管人员签章。

4. 号码牌的使用

（1）号码牌不能作为付款凭证，它是由主管人员发放，经办人员识别客户的标记。

（2）每日工作结束前出纳人员要将未使用的号码牌进行整理，并将由经管员保管。号码牌的保管期为一个月，超过一个月后，使用过的号码牌便可以销毁。

（3）号码牌是收款方领取款额的凭证，为了防止假冒号码牌，出纳人员要在号码牌的正面与收入或支出传票加盖骑缝私章并盖日期戳记。

（四）票据的处理

1. 收受票据应注意事项

（1）出纳人员不得收受与企业无关的票据。

（2）出纳人员收到的票据不能及时兑现时，以"暂收款项"科目处理。

（3）出纳员收到票据时，要在票据左边靠上的地方画两条横线，并在收入传票摘要栏注明收票日期、票据号码、付款行库、金额及到期日。

2. 收受本埠即期票据的处理

（1）为了防止作弊，出纳人员收到本埠票据时，要及时在收入会票摘要栏加盖"一交"、"二交"戳记，如果当日没有及时交换的票据应该在收入传票摘要栏加盖"交换"戳记。

（2）出纳员收到当期票据时，要在"票据明细表"详细记录，并注明库存类别。

随堂测试

出纳业务处理的程序。

◇ 第三堂　出纳离职人员工作交接的步骤

◆我国《会计法》第二十四条规定："会计人员调动工作或者离职，必须与接管人员办理交接手续。一般会计人员办理交接手续，由会计机构负责人、会计主管人员监交。"出纳人员属于会计人员，所以出纳人员的交接要按会计人员的规定进行。

为了防止账目不清，财务混乱，出纳人员离职前应与接管人员办清交接手续，这是出纳人员的义务，工作的交接不但可以保证财务工作的顺利进行，还可以更好地明确出纳人员与接管人员的责任。

出纳人员对工作交接时需要由专人监管，以保证交接工作的公正、公开。交接工作主要是完成账账核对、账款核对，并填写移交表，同时还要将移交的票、款、物编制成详细的移交清册，编制详细后交接双方及监交人员还要签字盖章，工作交接表存入会计档案妥善保管。

出纳交接一般分三个阶段进行：

（一）为交接工作做各种准备工作

（1）出纳人员完成最后的一笔账务工作，并在余额后加盖名章。

（2）将出纳人员的账簿与现金、银行存款总账核对，保证现金面额与实际金额相符，银行存款账面额与银行对账单的金额核对无误。

（3）出纳启用表要添加移交日期，并加盖交接人员的名章。

（4）出纳人员离开时可能会存在一些未了的账务工作，为了保证交接的顺利，出纳人员应该将这些未了事项进行书面说明。

（5）出纳人员要将需移交的账簿、凭证、现金、有价证券、支票簿、文件资料、印鉴和其他物品的具体名称和数量编制成册，这样可以保证移交工作的顺利进行。

（二）交接阶段

离职出纳人员在规定期限内，必须向接交人员交代清楚，接交人员在交接过程中应积极配合出纳人员的工作，认真完成交接工作，交接时要按照移交清册当面点收。

（1）接交人员按账簿对现金和有价证券进行点收，发现问题时，要主动向移交人询问，将问题查清。

（2）按规定出纳人员的账簿必须保持完整，不能出现缺页或少行的情况，如果接交人员发现此问题，应向移交人说明，并由移交人员查明，并在移交清册中注明，此事由移交人员负责。

（3）接交人员在核对账簿时发现出纳账与总账、出纳账与库存现金和银行对单的余额不符时，向移交人员说明，并由移交人员负责查明，在移交清册中写明情况。

（4）点收公章包括账务专用章、支票专用章和领导人名章是接交人员的重要工作，如果接交人员发现公章的数目与移交清册不一致时，要向移交人员询问，并写明原因。

（5）接交人员核对完成后，还需要在出纳账启用表上添加接收时间，并加盖出纳员的私章。

（三）交接结束

交接工作完成后，交接双方及监交人都必须在移交清册上签名或盖章。一份完整有效的移交清册必须包括企业名称、交接日期、交接双方和监交人的职务及姓名，以及移交清册页数、份数和其他需要说明的问题和意见。移交清册通常有三份，交接双方各留一份，最后一份要存档保留。

【例1-3】出纳人员工作交接书（一般范例）

移交原出纳员×××，因工作调动，财务处已决定将出纳工作移交给×××接管。现办理如下交接：

一、交接日期

×××年×月×日

二、具体业务的移交

（1）库存现金：×月×日账面余额××元，实存相符，月记账余额与总账相符。

（2）银行存款余额×××万元，经编制"银行存款余额调节表"核对相符。

三、移交的会计凭证、账簿、文件

（1）本年度现金日记账××本。

（2）本年度银行存款日记账××本。

（3）空白现金支票××张（××号至××号）。

（4）空白转账支票××张（××号至××号）。

（5）托收承付登记簿一本。

（6）付款委托书一本。

（7）信汇登记簿一本。

（8）金库暂存物品细表一份，与实物核对相符。

（9）银行对账单1~10月份××本；10月份未达账项说明一份。

四、印鉴

（1）××公司财务处转讫印章一枚。

（2）××公司财务处现金收讫印章一枚。

（3）××公司财务处现金付讫印章一枚。

五、交接前后工作责任的划分

××××年×月×日前的出纳责任事项由×××负责；××××年×月×日起的出纳工作由×××负责。以上移交事项均经交接双方认定无误。

六、本交接书一式三份，双方各执一份，存档一份

移交人：×××（签名盖章）

接管人：×××（签名盖章）

监交人：×××（签名盖章）

××公司财务（章）

××××年×月×日

随堂测试

1. 出纳工作交接分几步？

2. 交接书的填写要求。

下 午 练就基本功

◇ 第一堂 出纳基本技术

一、点钞技术

出纳人员每日都要进行现金的收付业务，大笔的现金都需要出纳人员亲自过手，点查清楚，这就需要出纳人员具备较高的点钞技术，不仅要快而且要准。

点钞分为四个基本步骤：拆把、点数、扎把、盖章。拆把指将预点的钞票的封条拆掉；点数指用手点钞时，大脑同时要记数，一般要求点到一百张即为一个把。

扎把就是将清点清楚的百张钞票蹾齐并用腰条扎紧；盖章是为了明确责任在将已扎好的钞票的腰条上加盖经办人名章，这样可以增强出纳人员的责任心。

对于出纳人员在清点人民币时还有一些具体要求，不仅要数目准确还要将钞票整理美观。

整理的具体要求是：

平铺整齐，边角无折。同券一起，不能混淆。

券面同向，不能颠倒。验查真伪，去伪存真。

剔除残币，完残分放。百张一把，十把一捆。

扎把捆捆，经办盖章。清点结账，复核入库。

点钞技术是对一个出纳员最基本的要求，这需要出纳人员具有较强的责任心和一定的工作技能，要想掌握这些基本技能就需要做到以下几个方面：

（1）点钞用品要准备妥当。点钞过程中需使用印泥、图章、腰条，为了提高点钞速度这些必用品在点钞之前就应该准备妥当，以免使用时又"抓瞎"。

（2）钞票数目要准确。点钞的关键技术就是"准"，准确的清点钞票数目是点钞的基本要求，如果钞票数目不准确会给企业带来不少的麻烦。这就需要出纳人员点数时要保持精神高度集中，手、脑、眼紧密配合。

（3）钞票蹾齐。钞票要保持整齐就需要在点好将钞票蹾齐，做到四条边在同一水平线上，无凸出，无卷角，只要做到这三点才可以将其扎把。

（4）扎把要稳。蹾齐的钞票，一百张捆为一把，将捆好的10把用"#"字形捆扎成大捆，用力推动四边，以钞票不动为准，小把要做到第一张钞票不能被抽出为准。

（5）盖章清晰。在捆好的腰条上盖章是为了分清责任，所以出纳员要将章盖得清晰，以防出现意外时，找不到责任人。

◆ 保持连贯的动作。点钞是一个系列工作，要想将拆把、清点、蹾齐、扎把、盖章的各个环节做好，就需要点钞时保持动作连贯，这样才能保证点钞质量和效率。清点时双手动作要协调，速度要均匀，清点时要将不自觉的小动作减少，一些小动作会严重影响点钞的速度。

（6）保持正确的坐姿。点钞和电脑操作一样，要有一个正确的坐姿才能保证技术的发挥。这就需要点钞人员清点时将腰部挺直，双臂自然放在桌面，身体呈放松状态，点钞时左手腕要轻触桌面，右手腕稍向上抬起，这样可以减轻双手的疲劳感。

点钞分为手工点钞和机器点钞，现在企事业单位大多仍采用手工点钞。常见的手工点钞方法有：手持式单指单张点钞法、手持式单指多张点钞法、手持式四指拨动点钞法、手持式五指拨动点钞法、手按式单张点钞法、手按式双张点钞法等。我们主要来介绍较为实用的手持式单张点钞法。

手持式单指单张点钞法是最常用的点钞方法之一。

其基本操作要领如下：

左手手心向下，将钞票放在左手中，大拇指放在钞票正面的1/4处，食指与中指放在钞票的背面同时捏住钞票，无名指呈自然蜷曲并向钞票的左下方伸展，用力将钞票夹紧，拇指向上移动，食指伸直，大拇指轻轻按住钞票的侧面，将钞票压成瓦形，钞票从桌面上擦过，这时将钞票翻转，拇指趁势将钞票上翻成扇形，右手开始点数钞票，为了使速度增快可以将右手手指沾一点水，起到润滑作用。食指为配合拇指要放在钞票的背面，之后无名指将钞票向胸前清点。

手持式点钞有三个标准，出纳人员可以依照下面的标准测试自己的点钞水平：

优秀：1 分钟 单指单张 120 张；单指多张 160 张。

良好：1 分钟 单指单张 80 张；单指多张 100 张。

及格：1 分钟 单指单张 60 张；单指多张 80 张。

二、识别假钞的技巧

(一) 用眼睛观看

用眼睛观看识别假钞是最为直接的一种方法，现在很多出纳人员都已练就一双火眼金睛，即使假钞票藏在厚厚的一沓钱中，出纳人员也可以一眼将其扫出。用眼睛观看时可以从钞票的颜色、水印、安全线、胶印缩微文字、红色和蓝色纤维、隐形面额数字、光变油墨面额数字、阻隔互补对印图案、横竖双号码等来观察。真币的颜色很协调清晰，假币则颜色很模糊，真币的图案、人像很逼真，有很强的立体感，人物形象表情有神色，假币的图案和人物则很虚假，呆板，没有灵性；真币的水印有立体感，且层次分明，灰度清晰，假币的水印却很模糊，变形很大；真币安全线与纸张黏合得很牢固，同时具有特殊的防伪标记，而假币安全线与纸张黏合得不牢固，易脱落。

(二) 用手感觉

人民币是采用特殊原料并使用专门的钞造设备而印制，具有手感光滑、厚薄均匀等特点，假币则是采用普通纸张制成，手感粗糙、厚薄不均。使用双手触摸人民币时还可以摸纸币上是可以摸出行名、盲文、国徽和主景图案。真币一般采用凹版印刷工艺，可以感觉出凹凸感，而假币通常没有这些感觉，假币上的盲人点只是简单印上几个点而已。

（三）用耳朵听

用耳朵听主要指抖动钞票时声音来识别真币与假币，真币的纸张耐磨、有韧度、挺括、不易折断；而假币纸张绵软、韧性差、易断裂。手持钞票用力抖动，手指轻弹或两手一张一弛地拉动钞票，用耳朵仔细倾听钞票的声音，如果钞票的声音清脆则是真币，如果声音发闷则是假币。

（四）借助工具

为了提高工作效率，市场上出现了专门进行识别真假币的仪器，如紫外线灯光照射钞票，可以观察钞票的颜色，如果呈蓝色则为真币，别的颜色则为假币。还有些简单的工具比如放大镜观察票面线条的清晰度，凹印缩微文字等。

三、保护好人民币的方法

出纳人员日常工作要经常与人民币"打交道"，人民币是我国的宝贵财产，出纳人员要提高保护人民币的意识，保护好经管的人民币。

保护人民币需要出纳人员在日常工作中不故意损坏人民币，尽最大可能延长人民币的使用时间，出纳人员日常携带或使用时，要爱惜人民币，尽量将其放在合适的钱包，尽量不要折叠、压挤、团揉。出纳人员要将人民币整理妥当，平整地存放在保险柜中，不得乱堆、乱翻。

出纳人员在办理业务时，为了方便清点，会在成捆的钞票上做记号或写数字，这些做法严重污损了人民币，出纳人员应该改掉这一不良习惯。需要记录信息时可以写在本子上或用纸条说明。

合法处理假人民币。出纳人员在工作中发现假钞票时，要将其没收上缴给银行处理，不要继续流通。根据相关法律规定，有意使用假钞的行为属于违法行为，使用者要承担相应的法律责任。

人民币在长期流通过程中，会变得纸张松软，有的会出现磨损或残缺，有的票面会有污染，这就是百姓常说的"破钱"。出纳人员在办理现金业务时应该把损伤的票币挑选出来，积极主动到银行进行兑换。根据中国人民银行公布的相关规定，损伤人民币的标准为：

（1）票面的损伤已危害到行名、花边、字头、号码、国徽之一的。

（2）票面裂口超过纸幅 1/3 或损及花边、图案的。

（3）票面纸质较旧，四周或中间有裂缝，或断开而粘补的。

（4）由于油浸、墨仿造成脏污面积较大或涂写迹过多，妨碍票面整洁的。

（5）票面变色严重影响图案清晰的。

（6）硬币残缺、穿孔、变形、磨损、氧化损坏花纹的。

根据中国人民银行公布的《残缺人民币兑换办法》和《残缺人民币兑换办法内部掌握说明》，残缺人民币可以向当地银行办理兑残缺人民币业务，兑换办法的规定如下：

1. 凡残缺人民币属于下列情况之一者，应向中国人民银行照全额兑换

（1）残缺不超过 1/5，其余部分的图案、文字能照原样连接者。

（2）票面污损、熏焦、水湿、油浸、变色，但能辨别真假，票面完整或残缺不超过 1/5，票面其余部分的图案、文字，能照原样连接者。

（3）票面残缺 1/5 以上至 1/2，其余部分的图案部分能照原样连接者，应向中国人民银行照原面额半数兑换，但不能流通使用。

2. 凡残缺人民币属于下列情况之一者不予兑换

（1）票面残缺 1/2 以上者。

（2）票面污损、熏焦、水湿、油浸、变色，不能辨别真假者。

（3）故意挖补、涂改、剪贴、拼凑，揭去一面者。

（4）不予兑换的残缺人民币由中国人民银行打洞作废，不得流通使用。

随堂测试

1. 点钞技术的要求。

2. 点钞技术的技巧。

◇ 第二堂　出纳人员必备的电算化技能

一、会计电算化的基本概念

在人们的印象中，传统的会计和出纳人员工作时，一边拨算盘，一边记账，速度很慢。随着电子计算机在会计工作中的应用，会计和出纳人员不必再像以前那样为了简单的账务而忙碌一天，现在只要在电脑上输入数据，结果会自动生成，大大提高了财务人员的工作效率。这种技术在会计上称为会计电算化，掌握会计电算化知识已成为会计出纳人员的必备条件。

会计电算化指以电子计算机为主，将现代电子技术、信息技术、网络技术集体应用到会计业务处理工作中的会计信息系统。

会计电算化的账务处理与传统手工记账相比具有以下几个方面的优势：

1. 数据处理一体化，正确性高

如果一个账本经过编制原始凭证、编制记账凭证、登账、结账、编制会计报表，都经过人工手记，那它出错的机会有 5 次，这 5 个环节在手工记账的条件下是互相脱离的，需要很多人参与才能将此工作完成，这就增加了出错的几率。而会计电算化则只需要一个人员将数据正确地输入，就可以一次性完成记账、对账、汇总编制会计报表等工作，出错的几率很小。

2. 使用灵活

手工条件下，账务信息记录在会计凭证、账簿、报表等上面，如果企业需要某部分信息还需要通过一定的程序将信息找出，再通过人工抄写等方式复制下来，而使用会计电算化就可以将此程序简化，因为账务信息存放在计算机的硬盘、软盘等介质中，如果企业需要使用某部分的信息，就可以轻松打印出来。

3. 搜索信息高速自动化

手工记账的条件下，查询数据需要经过查找总账、明细账等多个账本才能找到，如果要想得到汇总数据，速度会更慢，而使用电算化就可以使查询变得非常简单，只要设定查询的条件，就可以很快找到需要的数据。另外，在查阅时，还可以归类，打印查询结果。

会计电算化的三个优势引发了会计领域的一次重大变革，减轻了财会人员的工作强度，使其工作效率大大提高。财会人员将记账、结账、报账等繁杂的工作交给计算机处理后，就不必再手持算盘，置身于凭证、账簿的海洋中。计算机在处理账务时可以避免人的主观错误，有效地提高了财会工作的效率。

财会工作的效率提高后，财会人员的职能也得以丰富，财会人员不仅是企业的财务处理员，也是企业决策的参与者，可以为企业决策提供最新的财会信息和有效的建议。这就要求财会人员必须提高自身的素质，更新知识结构，除了财会知识，还要学习经营管理知识，为企业发展作出更大的贡献。

二、常用会计软件的功能模块

会计电算化的高效率需要会计软件的支持，没有会计软件的高效化，会计电算化只是空谈，通常会计软件的功能包括以下几种：

（一）处理账务模块

会计电算化系统的账务处理模块主要是以会计凭证为原始数据，按会计科目、统计指标体系对记账凭证所载的经济内容，进行记录、分类、计算、加工、汇总，输出总分类账、明细分类账、日记账及其他辅助账簿、凭证和报表。

账务处理模块的程序为：①建立账簿。②处理凭证（输入、审核、汇总）。③查询数据。④对账。⑤结账。⑥打印输出。⑦其他辅助功能。

手工记账状态下，建立账簿包括建立会计科目、记账凭证格式及账簿的体系等内容，这些都可以在计算机程序下通过自定义生成，无须财会人员一一操作。

处理凭证主要是输入、审核、汇总、打印等内容。

查询是财会人员根据所需内容在计算机中输入查询条件，便可以快速找到会计期间完成的工作内容，包括会计凭证、明细分类账、总账等有关内容。

对账是财会人员的一个重要工作，会计电算化软件会按程序自动检查账目是否有误，包括总账、明细账、日记账之间的账账核对及提供给用户的信息的核对，如与银行对账单核对、与往来账核对、与其他辅助账核对等，会计软件还可以做出调节表等相关资料。

对账之后，会计软件会接着完成结账功能。结账包括会计科目分级计算、汇总，结出借贷发生额和余额及会计信息跨年度结转等内容。

打印输出功能是打印记账凭证、账簿等会计信息资料，以便用户使用和归档保管。

(二) 报表处理模块

报表处理模块是按国家统一的会计制度规定，根据会计资料而编制会计报表，向公司管理者和政府部门提供财务报告，包括个别报表、汇总报表以及合并报表。

报表处理模块包括：①报表定义。②报表计算。③报表汇总。④报表查询。⑤报表输出。

报表定义指根据会计软件建立一个新的报表体系，包括为报表命名、描述空白表格、定义报表项目、检查公式及汇总报表等步骤。

报表定义后就可以根据财会工作的需要生成会计报表，审核无误后就可以进行打印、复制、查询和输出了。

(三) 固定资产核算模块

固定资产核算模块主要是用于固定资产明细核算及管理。

固定资产核算模块包括：①建立固定资产卡片。②建立固定资产账簿。③录入固定资产变动情况。④计提固定资产折旧。⑤汇总计算。⑥查询及打印输出。⑦编制转账凭证。

此模块可以主要是建立固定资产卡片，确定固定资产计提折旧系数、方法，录入固定资产增减变动等；汇总计算固定资产原值、累计折旧及净值等。财会人员只要按设计的程序就可以自动完成转账的记录，打印输出固定资产明细账和资料卡片，这样便可以将固定资产价值状况详细地反映出来。

（四）工资核算模块

工资核算模块主要是对职工的工资进行核算、汇总等。

工资核算模块包括：①设计工资项目及项目计算公式。②录入职工工资基础资料。③增减变动及修改。④计算汇总。⑤查询。⑥打印输出。

工资核算模块，主要是通过设计工资的项目，对职工的工资发放进行计算，包括职工应发数额、扣减数额、实发金额，按使用者的要求计算配发不同面值的零、整钱数。

工资核算模块非常灵活，财会人员可以对其进行自定义，包括分类方式的定义、工资项目的修改及职工个人信息的调整等，此模块可以自动生成转账凭证、填制分录、进行工资分配、计算工资福利费。

（五）其他模块

除上述的主要模块外，会计电算化还包括存货核算、成本核算系统、应收应付款核算、销售核算和财务分析等。此模块还可以按不同的性质有不同的分类，可以按行业分为：零售业进销存核算系统、批发业进销存核算系统等；按管理的需要分为：劳资人事管理系统、国有资产管理系统等。

三、商品化会计软件选择

随着会计电算化的广泛应用，会计软件市场也迅速发展了起来。目前，市场上的会计软件版本众多，各有特点，那么面对繁多的会计软件，企业该如何选择？从哪几个方面考虑呢？下面我们就此做一些简单的介绍：

（一）合法性

财会业务的进行必须符合法律法规，这就要求企业在选购软件时要加强软件的合法意识，这里所指的合法主要指软件的功能要符合财政部颁布的《会计核算软件管理的几项规定（试行）》中对会计软件的十条基本要求：

（1）软件提供的数据输入项目，满足财政部或财政部审核批准的现行会计制度的规定。

（2）软件提供给用户的会计科目编码方案符合财政部或财政部审核批准的会计制度中有关会计科目编码方案的规定。

（3）软件具有必要的防范会计数据输入差错的功能。

（4）软件的计算和结账功能符合财政部或财政部审核批准的现行会计核算制度的规定。

（5）经计算机登账处理的系统内会计凭证及据以登记的相应账簿，软件只能提供留有痕迹的更正功能。

（6）软件要能按规定打印输出各种账本以及提供必要的查询功能，打印输出的账页连续编号。

（7）计算机对已输入的会计凭证和据以登记的相应账本所生成的各种报表数据，软件无修改功能。

（8）软件具有防止非指定人员擅自使用和对指定操作人员实现使用权限控制的功能。

（9）对存储在磁性介质或其他介质上的程序文件和相应的数据文件，软件要有必要的保护措施。

（10）在计算机发生故障或由于其他原因造成内外存会计数据被破坏时，软件要具有使原有数据恢复到最近状态的功能。

另外，用户还应选择正版软件。因为盗版软件的技术不可靠，容易出现数据丢失等现象，会给财会工作带来难以弥补的损失，所以为了保障财会工作的顺利进行，企业应选择正版软件。

（二）安全性

安全性是指软件要具有防止会计信息被泄露和破坏的能力。为了保护财会信息的安全，一些软件做了权限设置、复核功能设置、软件加密等技术，来防止他人非法篡改。另外，软件还要具备自动恢复功能，当计算机发生故障时可能会引起一些数据的丢失或损坏，如果软件没有自动恢复功能，会给财会工作带来很大的麻烦。

（三）自动功能齐全

自动功能指软件不需要财会人员操作就可以生成的功能，如自动纠错功能，就是当财会人员在操作中出现错误时，计算机可以自动提示财会人员或拒绝执行命令，财会人员输入的记账凭证号重复或借贷双方的金额不等时，软件可以自动提示财会人员，避免大错误产生。另外，软件还要具有自动与银行对账的功能，即根据银行存款日记与银行账单进行核对，自动生成银行存款余额调节表。

（四）查询功能是否强大

财会工作中查询账簿是财会人员的一项基本工作，软件的查询功能是否齐全、强大，直接影响到财会人员的工作效率，查询功能受到界面的影响，界面的操作性越强，财会人员就可以更灵活地找到所需的凭证、明细分类账、总账等资料。

（五）灵活性

财会人员处理账务时根据企业的财务工作内容，会有一些变化，这就要求软件的灵活性要强，可以适应这些内容的变化，如科目的变化、报表格式及内容的变化、各种比率的变化以及核算内容的变化等。

（六）价格合理

财会人员选择软件时还要考虑软件的价格。会计软件的售价包括软件价格、售后服务和培训价格。一些软件销售人员为了增加销售量，会在报价时只报软件的价格或其余两部分的价格，以此来迷惑顾客，所以财会人员在选购软件时一定要注意软件报价的含义。

（七）售后服务

软件出现故障时，由于专业的限制，有些问题财会人员不可能自行解决，此时就需要厂家提供良好的售后服务。软件售后服务包括会计软件的日常维护、用户培训、二次开发、相关技术支持和软件版本的升级换代。另外，财会人员还要了解厂家的维护能力、维护费用、维护方式、维护人员的数量及技术水平等相关服务。

随堂测试

1. 会计电算化的概念。

2. 会计电算化的功能模块。

周二 突破会计知识的瓶颈

上午 出纳牵手会计

◇ 第一堂 出纳要掌握的会计知识

出纳是企业重要的会计工作岗位，出纳人员与会计人员都属于独立核算企业的财务工作者。出纳人员的主要工作职责是办理现金、银行存款的收入、付出，保管和登记日记账。每日出纳人员还要向会计人员核对库存现金、银行存款日记账等。这些业务的办理就不再是单纯的现金收付和银行存款的支取，还涉及了部分的会计业务，出纳人员需要填写"收款凭证"和"付款凭证"，因此，出纳人员就要对会计科目有所了解。出纳人员的工作内容决定了出纳人员要掌握一些会计知识，下面我们就介绍出纳人员需要掌握的会计知识。

一、会计六要素

如果将会计比作一个大家族，那么，会计的六要素则是组成这个庞大家族的六弟兄，即资产、负债、所有者权益、收入、费用、利润。

（一）资产

资产，是指过去的事项或交易形成并由企业拥有或者控制的资源，该资源预期能够给企业带来经济利益。

企业在从事生产过程中，必须具备一定的财产物资，如现金、银行存款、厂房场地、原材料等资产。

资产是企业从事生产经营活动的物质基础。除以上货币资金以及实物资产外，还包括专利权、商标权等无形资产。

资产具有以下特征：

（1）资产是由过去的交易或事项形成的。资产必须是现实的资产，而不能是预期的资产，只有过去发生的交易才能减少或增加企业的资产，而不能根据谈判中交易或计划中的经济业务来确认资产。

（2）资产是企业拥有或控制的。资产是为企业所拥有的，或者即使不为企业所拥有，也是企业所控制的。

在某些情况下，对于一些特殊方式形成的资产，虽然不为企业所拥有，但是企业能够长期支配这些资产，并从中获取经济利益。反之，则不能视为企业的资产。

（3）资产能够直接或间接地给企业带来经济利益。比如，资金可用来购买所需要的商品，原材料、厂房机械可用于生产产品，产品出售后收回货款，又以现金的形式流入企业。

◆ 只有那些能够为企业未来带来经济利益的才能确认为资产；反之，就不能视为资产，如一条技术上已经被淘汰的生产线，它不能用于产品生产，不能给企业带来利润。

企业的资产一般按其流动性，可以分为流动资产和非流动资产。

流动资产是指可以在一年以上的一个在营业周期内变现或耗用的资产，其中主要包括现金、银行存款、应收及预付款项、短期投资、存货、待摊费用等。

除流动资产以外的其他资产属于非流动资产，其中主要包括长期股权投资、长期债权投资、固定资产、无形资产和其他资产等。

（二）负债

负债，是指过去的事项或交易形成的现有义务，履行该义务预期会导致经济利益流出企业。

企业在经营过程中所需要的资产，可以通过举债筹措资金来购置。企业举债形成了企业的负债，如购进资产未付款形成应付账款等。

负债是由过去的事项或交易形成的当前的债务。

负债是企业当前所承担的义务，企业预期在将来要发生的事项或交易可能产生的债务，不能作为会计上的负债，故企业与供货单位签订的供货合同，企业不能将其作为一项负债。负债到期必须偿还，企业不能或很少可以回避，如果企业能够回避，则不能确认为企业的负债。

负债按其流动性可分为流动负债和长期负债。流动负债是指应在一年以上的一个营业周期内偿还的债务，主要包括短期借款、应付票据、应付账款、预收账款、应付工资、应付福利费等。

（三）所有者权益

在会计核算中，所有者权益即是企业的资产减去企业负债后的余额。

企业在经营过程中所需资产，除了企业以举债形式筹措资金购置外，主要是来自企业所有者对企业的投资。

所有者在企业创办时投入的资本，以及企业在经营过程中获得的利润，构成了企业所有者的权益。所有者权益在金额上等于所有者投入的资本加上企业在经营过程中所累积的利润。

所有者权益包括实收资本、资本公积、留存公积。

实收资本是指企业所有者对企业的投入资本；资本公积是指投资人投入或企业由其他渠道取得，而归投资人享有，它包括资本溢价、接受捐赠的财产、外币资本折算差额等；留存公积包括盈余公积和未分配利润。盈余公积是指企业从税后利润中提取的公积金，盈余公积主要用于弥补企业在一定期间内发生的亏损，未分配利润是指企业的税后利润按照规定进行分配以后的剩余部分。

（四）收入

收入是企业持续经营的首要条件，企业只有取得收入才能补偿生产中的耗费，重新购买材料，保证企业生产不间断进行。

收入是指企业在销售商品、提供劳务以及让渡资产使用权等日常活动中所形成的经济利益的总流入。

这种总流入表现为资产的增加或债务的偿还。销售商品的收入主要指取得货币资产方式的商品销售；提供劳务的收入主要指提供劳务服务获取的收入；企业让渡资产使用权所获取收入主要指他人使用企业资产的收入，如他人使用本企业资产取得的租金收入等。

通常收入可分为主营业务收入和其他业务收入。

主营业务收入是企业为完成其经营目标而从事的日常活动中的项目所获得的收入，如销售商品、提供劳务、让渡资产使用权等取得收入；其他业务收入是主营业务收入以外的其他日常活动的收入，如销售材料、提供非工业性劳务等取得的收入。

◆ 收入只包括本企业经济利益的流入，不包括为第三方或客户代收的款项。

（五）费用

费用是企业为销售商品、提供劳务等日常活动所发生的经济利益的流出。

费用具有以下三个特征：

（1）日常活动中产生（不包括偶发事件产生的损失——营业外支出）。

（2）将引起所有者权益的减少。

（3）表现为资产的减少或负债的增加。

企业要营利，就必须发生一定的耗费。如企业为产品生产耗用的各种材料、支付工资；企业为了销售商品必须先买进商品，支付运杂费、保管费用、支付工资，发生各种费用；企业为推销产品而发生销售费用；企业为组织和管理生产而发生各项管理费用。

（六）利润

利润是指企业在一定期间内的经营成果。它是收入扣减费用后的剩余部分。如果扣减的费用低于该期的收入，就会带来利润；反之，就会出现亏损。

利润是企业生产经营的指标，它包括营业利润、利润总额和净利润。

1. 营业利润

营业利润是指企业经营活动所产生的主营业务收入减去主营业务成本和主营业务税金及附加，加上其他业务利润，减去营业费用、管理费用和财务费用后的金额。

用公式表示为：

营业利润 = 主营业务利润 + 其他业务利润 - 营业费用 - 管理费用 - 财务费用

主营业务利润 = 主营业务收入 - 主营业务成本 - 主营业务税金及附加

其他业务利润 = 其他业务收入 - 其他业务支出

2. 利润总额

利润总额是指营业利润加上投资收益、营业外收入、补贴收入，减去营业外支出后的余额。

用公式表示为：

利润总额 = 营业利润 + 投资净收益 + 补贴收入 + 营业外收入 - 营业外收支净额

投资净收益 = 投资收入 - 投资损失

营业外收支净额 = 营业外收入 - 营业外支出

3. 净利润

净利润是指利润总额减去所得税后的金额。

用公式表示为：

净利润 = 利润总额 - 所得税

二、会 计 科 目

（一）什么是会计科目

会计科目指的是按照经济内容对会计要素的具体内容科学地进行进一步**分类所形成的项目。**

前面我们已经介绍了会计等式，了解了会计的六要素：资产、负债、所有者权益、收入、费用和利润。如果把会计对象比作一块蛋糕的话，那么，会计要素实际上是将这块蛋糕切成了六块。但是，仅将会计对象经过这样的一番切割之后，是否就能全面、系统、分类地反映和监督企业的经济活动呢，答案是否定的。

比如，若仅有"资产"这样一个抽象的概念，当我们用 50 万元的货币资金去购买厂房，这只能反映为一项资产的减少，另一项资产的增加，不能具体地反映出企业或单位财务状况，这就需要对会计要素作进一步的分类。

这是因为：一方面，企业的经济活动纷繁复杂，需要根据其各自的特点分门别类地确定项目；另一方面，由于会计要素反映的经济内容有很大的差别，其管理的要求也各异，所以，还需要根据经济管理的要求进行分类别、分项目核算。

因此，我们还必须把会计对象进行进一步的分类，如何分类则取决于会计目标。

比如，当我们把资产要素分为"银行存款"、"固定资产"等科目后，上面用银行存款建设厂房的例子便可以表示为："银行存款"减少了 50 万元，"固定资产"增加了 50 万元，这样就把问题反映清楚了。

（二）会计科目设置的原则

设置会计科目具体地体现于以下几点原则：

（1）设置会计科目时，必须与本企业的具体情况相适应，坚持统一性与灵活性相结合。一方面，会计科目的设置必须遵守国家统一的行业会计制度的规定，以保证各单位的会计资料能够在一个部门内部加以汇总；另一方面，由于各单位自身具体状况不同，企业可以在不影响会计核算、报表汇总及对外提供统一报表的前提下，根据实际情况自行增设、减少、合并一些会计科目，对某些明细科目的设置，企业可以根据需要，自行规定。

（2）设置会计科目时，会计科目的名称要简明、易懂。为了便于不同时期会计资料的分析对比，会计科目的设置应保持相对稳定。另外，每个会计科目都有特定的核算内容，名称含义要明确，以便开设和运用账户，不要将不同特征的资料记入同一科目。

（3）按照管理的需求设置会计科目。设置会计科目时应满足会计主体自身经济管理的要求，为企业进行经济预测、经营决策，以及考核、分析、评价企业的经济活动提供必要的会计信息。

会计科目要满足投资者对会计资料的要求，便于投资者了解企业的生产经营状况，有助于投资者进行投资决策。

（三）会计科目的分类

会计科目就是对会计六大要素的进一步分类，是我们做账和编制报表的主要依据。所以，确定会计科目时，必须内涵明确、界限清楚，每一个会计科目反映一个特定的内容，不重不漏。

1. 按经济内容分类

（1）资产类。如反映货币资产的"现金"、"银行存款"科目；反映流动资产的"短期投资"、"应收账款"等科目；反映存货资产的"原材料"、"产成品"等科目。

（2）负债类。如反映流动负债的"短期借款"、"应付票据"、"应付账款"、"应付职工薪酬"等科目；反映长期负债的"长期借款"等科目。

（3）所有者权益类。如反映资本的"实收资本"、"资本公积"等科目；反映利润形成和利润分配情况的"本年利润"、"盈余公积"、"利润分配"等科目。

（4）损益类科目。如反映企业经营收益的"主营业务收入"、"其他业务收入"、"主营业务成本"、"主营业务税金及附加"、"其他业务支出"、"管理费用"等。

（5）成本类科目。如反映制造成本的"生产成本"、"制造费用"等科目。

2. 按其隶属关系分类

可分为总分类科目、子目和细目。

由于企业的经营管理及其他各方面的要求不同，使得企业在各会计科目反映指标的详细程度上要加以区分，并分级设置。

在实际会计处理过程中，对于某些会计科目如原材料、应收账款、应付账款等，还需进一步对其分类。如原材料，必须知道它的种类、金额、单价、数量等信息，这些就需在原有科目下再根据用途和需要具体设置细目。

会计上既要求设置总分类科目，以提供综合的指标；又要求设置明细分类科目，以提供具体详尽的指标，满足不同经营管理的需要。这就有了总账科目、二级会计科目、三级会计科目。

一级会计科目，又称为总分类科目。它是对会计对象的具体内容进行总括分类的会计科目。

二级会计科目，又简称为子目，为了适应管理的需要，有的总分类科目下设的明细科目太多，此时，可在总分类科目与明细分类科目之间增设二级科目。

例如，在"固定资产"科目下面，按固定资产的类别分别设置"生产经营用固定资产"、"非生产经营用固定资产"、"租出固定资产"等二级科目。

◆ 在实际会计工作中，形式上的二级科目，不能说就是二级科目，主要看其提供的会计信息的详细程度是否介于一级会计科目与明细分类科目之间。比如"固定资产"一级科目提供全企业固定资产的原值总额，二级科目提供各部门固定资产原值的总额，三级科目提供每一固定资产项目的原值及其实物的数量等内容。

三级会计科目，又简称为细目。它是对二级科目再进一步分类的会计科目。例如银行存款为会计科目，可按各往来银行的名称分类，如中国银行等为子目，子目之下再分为中国银行活期存款、支票存款、定期存款等细目。

(四) 会计科目表

会计科目就是对会计六大要素的进一步分类，是我们做账和编制报表的主要内容。例如，货币资金存放到银行里，会计科目名称就叫"银行存款"，仓库里放的各种货物，会计科目就叫"库存商品"等，其实会计科目就是一种称谓，像人的名字一样。

为了便于会计账务处理，提高会计信息质量，每个会计科目都要编制固定号码。会计科目的编号应讲究科学性，以便能够区分会计科目的作用。

会计科目的编号可以采用"四位数字"。以千分位数字代表会计科目，按会计要素区分的类别，一般分为五个数码："1"为资产类、"2"为负债类、"3"为所有者权益类、"4"为成本类、"5"为损益类；百分位数字代表每大类会计科目下的较为详细的类别；十位和个位上的数字代表会计科目的顺序号，为便于会计科目增减，在顺序号中一般都应留有间隙。

◆ 需特别注意，在人工系统下，会计人员进行账务处理时，不得只有编号而无会计科目名称。

每个会计科目的名称及所反映的内容都有统一的规定，下面列出《会计制度》规定的会计科目，如表2-1所示。

表 2-1　　　　　　　　　　　　会计科目表

顺序号	编号	名　称	顺序号	编号	名　称
		一、资产类	24	1271	受托代销商品
1	1001	现金	25	1281	存货跌价准备
2	1002	银行存款	26	1291	分期收款发出商品
3	1009	其他货币资金	27	1301	待摊费用
4	1101	短期投资	28	1401	长期股权投资
5	1102	短期投资跌价准备	29	1402	长期债权投资
6	1111	应收票据	30	1420	长期投资减值准备
7	1121	应收股利	31	1431	委托贷款
8	1122	应收利息	32	1501	固定资产
9	1131	应收账款	33	1502	累计折旧
10	1133	其他应收款	34	1505	固定资产减值准备
11	1141	坏账准备	35	1601	工程物资
12	1151	预付账款	36	1603	在建工程
13	1161	应收补贴款	37	1605	在建工程减值准备
14	1201	物资采购	38	1701	固定资产清理
15	1211	原材料	39	1801	无形资产
16	1221	包装物	40	1805	无形资产减值准备
17	1231	低值易耗品	41	1815	未确认融资费用
18	1232	材料成本差异	42	1901	长期待摊费用
19	1241	自制半成品	43	1911	待处理财产损溢
20	1243	库存商品			二、负债表
21	1244	商品进销差价	44	2101	短期借款
22	1251	委托加工物资	45	2111	应付票据
23	1261	委托代销商品	46	2121	应付账款

续表

顺序号	编号	名　称	顺序号	编号	名　称
47	2131	预收账款	67	3131	本年利润
48	2141	代销商品款	68	3141	利润分配
49	2151	应付职工薪酬			四、成本类
50	2153	应付福利费	69	4101	生产成本
51	2161	应付股利	70	4105	制造费用
52	2171	应交税费	71	4107	劳务成本
53	2176	其他应交款			五、损益类
54	2181	其他应付款	72	5101	主营业务收入
55	2191	预提费用	73	5102	其他业务收入
56	2201	待转资产价值	74	5201	投资收益
57	2211	预计负债	75	5203	补贴收入
58	2301	长期借款	76	5301	营业外收入
59	2311	应付债券	77	5401	主营业务成本
60	2321	长期应付款	78	5402	主营业务税金及附加
61	2331	专项应付款	79	5405	其他业务支出
62	2341	递延税款	80	6605	营业费用
		三、所有者权益	81	5502	管理费用
63	3101	实收资本	82	5503	财务费用
64	3103	已归还投资	83	5601	营业外支出
65	3111	资本公积	84	5701	所得税
66	3121	盈余公积	85	5801	以前年度损益调整

随堂测试

1. 会计六要素。

2. 会计科目的编制方法。

◇ 第二堂　出纳要掌握的记账法

这一节课我们主要讲述复式记账法，它是现代会计应用最为广泛的一种记账法，是会计人员和出纳人员必须掌握的基本知识，只有掌握了复式记账法才能入得出纳的门。

一、复式记账原理

复式记账，顾名思义就是两方的记账方法，它的相对记账方法是单式记账法。复式记账法和单式记账法是记账方法的两大类，两者主要的区别在于，经济业务发生时，单式记账法只在一个账户中登记，复式记账法则是在两个账户中登记。

复式记账法是由单式记账演变而来的。它是对每一项经济业务发生后，以相等的金额在两个或两个以上账户中进行登记的方法。

以上述的实例为例，公司以现金 5000 元购买零件时，若采用复式记账法记账，一方面要登记银行存款减少 5000 元，另一方面还应登记零件增加 5000 元；对销售产品取得现金这笔业务，一方面要登记现金增加 10000 元，另一方面要登记产品销售收入增加 10000 元。

复式记账法建立在"资产=负债+所有者权益"平衡原理的基础之上。由于每项经济业务都涉及两个或两个以上相关账户，所以，采用复式记账法就是把每一项经济业务都在两个或两个以上的账户中同时登记。

因此，复式记账法可以检查入账的正确性，便于检查和核对账目，从而能够清楚明了地了解企业各项经济业务的来龙去脉。

企业在经营活动过程中，由于任何一种经济业务的发生一般都会引起会计等式某一边会计要素等额的增加或减少，或引起会计等式两边会计要素等额同时减少或同时增加，但其结果都不会破坏会计要素之间的平衡关系。因此，会计人员可以利用试算平衡的方法，来检验账户的记录是否正确。

二、借贷记账法

复式记账法包括借贷记账法、增减记账法和收付记账法。借贷记账法是世界各国普遍采用的一种记账方法。

(一)借贷记账法的记账符号

借贷记账法是复式记账法的一种，又称为借贷复式记账法。借贷记账法是以"借"、"贷"作为记账符号，以"有借必有贷，借贷必相等"为记账规则的一种复式记账方法。

随着商品经济的发展，经济活动的内容日益频繁，借贷记账法的记账对象不再局限于债权、债务关系，而且逐渐扩展到记录财产物资、经营损益等的增减变化。

（二）设置账户

在借贷记账法下，固定地把账户的左方称为借方，右方称为贷方。会计的对象即资金运动的情况有两种：增加、减少，运动的结果表现为余额。那么账户的哪一方记增加、哪一方记减少，余额在哪方，要根据账户的性质来判断，不同性质的账户，其记账结构也不同。

1. 资产类账户

在资产类账户中，贷方登记资产的减少数。借方登记资产的增加数，期末余额在借方，表示企业资产的结余。资产类账户结构如下图 2-1 所示。

借方 资产类账户 贷方	
期初余额：本期增加额 …… 本期发生额合计	本期减少额 …… 本期发生额合计
期末余额	

图 2-1　资产类账户

资产类账户的期末余额可根据下列公式计算：

期末借方余额 = 本期借方发生额 + 期初借方余额 − 本期贷方发生额

2. 负债类账户

在负债类账户中，贷方登记负债的增加，借方登记负债的减少，余额在贷方，表明企业负债的结余。负债类账户结构如图 2-2 所示。

负债类账户的期末余额可根据下列公式计算：

期末贷方余额 = 本期贷方发生额 + 期初贷方余额 − 本期借方本期发生额

借方　　　　　　　　　资产类账户　　　　　　　贷方

本期偿付（减少）的债务 …… 本期发生额合计	期初余额： 本期增加的债务 …… 本期发生额合计
	期末余额

图 2-2　负债类账户

3. 所有者权益类账户

在所有者权益类账户中，贷方登记增加数，借方登记减少数，余额在贷方，表明企业所有者权益的结余。所有者权益类账户的结构如图 2-3 所示。

借方　　　　　　　所有者权益类账户　　　　　　贷方

本期所有者权益减少额 …… 本期发生额合计	期初余额： 本期所有者权益增加额 …… 本期发生额合计
	期末余额 （所有者权益实有额）

图 2-3　所有者权益类账户

所有者权益类账户的期末余额计算公式与负债类账户的期末余额计算公式相同。

4. 成本类账户

在成本类账户中，贷方登记转出的实际成本，借方登记应计入成本的全部费用，若余额在借方，表明期末在产品（或在建工程、在途材料）的实际成本。成本类账户结构如图 2-4 所示。

5. 损益类账户

对于收入类账户而言，收入的增加额记入账户贷方，减少额（或转销

借方	成本类账户	贷方
期初余额： 本期成本增加额 …… 本期减少额合计	本期增加额 …… 本期增加额合计	
	期末余额	

图 2-4　成本类账户

额）记入账方的借方，期末时，本期收入增加额转入有关所有者权益账户，转销后收入类账户没有余额。损益类账户的结构如图 2-5 所示。

借方	损益类账户	贷方
期初余额： 本期成本增加额 …… 本期减少额合计	本期增加额 …… 本期增加额合计	
	期末余额	

图 2-5　损益类账户

（三）记账规则

记账规则是指在采用某种记账方法处理经济业务时，确定其账户方向的一种规则。

借贷记账法的记账规则是对每一项经济业务，都以相等的金额，借贷相反的方向，在两个或两个以上相互联系的账户进行连续、分类的登记。

在采用借贷记账法时，可以分三步进行：

第一步，首先分析经济业务的性质，判定了经济业务的类型。确定它所涉及的账户的类别。

第二步，判定应该使用的账户的具体名称以及这个账户的金额是增加还是减少。

第三步，根据账户的结构，确定哪个账户为借方，哪个账户为贷方。

【例2-1】 ×公司从银行提取现金20000元。

这项业务涉及现金和银行存款两个资产账户，现金的增加额记入账户的库存现金借方，而银行存款的减少额记入银行存款账户的贷方。

借：库存现金   20000

 贷：银行存款   20000

【例2-2】 银行归还以前所欠E公司的账款4000元。

这项业务涉及银行存款、应付账款这两个负债类账户。银行存款的减少记入账户的贷方，应付账款的减少记入账户的借方。

借：应付账款   4000

 贷：银行存款   4000

（四）试算平衡

为了保证账户记录的正确性，会计人员需要根据会计等式和复式记账原理，对账户记录进行试算平衡。

试算平衡是通过账户余额或发生额合计数之间的平衡关系，来检查各类账户记录是否正确的一种方法。

一般情况下，试算平衡是通过试算平衡表来进行的。

◆ 依照借贷记账法的记账规律，可以得知：企业发生的每一项经济业务记入有关账户的借方和贷方，在一定时期内，企业所发生的业务登记入账后，所有账户的借方发生额合计与所有账户的贷方发生额合计一定相等。依此类推，所有账户的借方余额合计与贷方余额合计一定相等，即借贷平衡。

在借贷记账法下，试算平衡有两种方法：

1. 发生额平衡

发生额平衡是对一定时期内所有账户的发生额进行试算平衡。可依据发生额试算平衡公式，通过编制发生额试算平衡表来进行，发生额试算平衡表如表2-2所示。发生额平衡公式如下：

全部账户的借方本期发生额合计＝全部账户的贷方本期发生额合计

表 2-2   发生额试算平衡表

会计科目	借方发生额	贷方发生额
合　计		

2. 余额试算平衡

余额试算平衡是对一定时期全部账户的期末余额进行试算平衡，可依据期末余额试算平衡公式，通过编制期末余额试算平衡表来进行。期末余额平衡公式如下：

全部账户的借方期末余额合计 = 全部账户的贷方期末余额合计

根据上述账户期末余额计算公式，又可将期末余额试算平衡公式表述为：

全部账户的借方期初余额 + 借方本期发生额 – 贷方本期发生额 = 全部账户的贷方期初余额 + 贷方本期发生额 – 借方本期发生额

这样，就可以将本期发生额试算平衡表和期末余额试算平衡表合在一起，编制发生额余额试算平衡表，如表 2-3 所示。

表 2-3   发生额余额试算平衡表

会计科目	期初余额		本期发生额		期末余额	
	借方	贷方	借方	贷方	借方	贷方
合计						

在借贷记账法下，采用试算平衡表检查账户记录是否正确并不是绝对的，如果借贷不平衡，说明账户的记录和计算一定有错误，必须马上检查错误的出处，进行更正。如果借贷平衡，也不能肯定账户记录没有错误，因为有些错误对借贷双方的平衡关系没有影响。以下情况，通过试算平衡表不能发现其错误：

（1）多次重复记录某项业务。

（2）记错账户或借贷方向颠倒。

（3）遗漏某项业务。

（4）会计分录借贷双方或一方，在记录总分类账户时误记了账户。

（五）会计账户对应关系及会计分录

1. 会计分录

为了保证账户记录的正确性，对于所发生的经济业务，在计入有关账户之前，应先对每项经济业务进行分析，编制记账凭证。而会计分录是记账凭证的核心。

所谓会计分录，就是对某项经济业务表明应借应贷账户的名称、方向和金融的记录。

简单会计分录只涉及一个账户借方和另一个账户贷方；复合会计分录涉及两个以上（不含两个）对应账户。

在编制会计分录时要注意如下问题，先记"借"后记"贷"，若出现多借或多贷的情况，要求借方或贷方的文字和金额数字必须对齐。

【例2-3】现以A公司2008年7月所发生的经济业务为例，说明会计分录的编制方法：

A公司3日以银行存款购买原材料20000元，编制会计分录如下：

借：原材料　　　　　　　　　　　　　　　20000

　　贷：银行存款　　　　　　　　　　　　20000

【例2-4】明阳企业销售一批商品，金额为48000元，购买方支付10000元已存入银行，余下的38000元在两个月内还清。

编制会计分录如下：

借：银行存款　　　　　　　　　　　　　　10000

　　应收账款　　　　　　　　　　　　　　38000

　　贷：营业收入　　　　　　　　　　　　48000

2. 账户的对应关系

在借贷记账法下，根据"有借必有贷，借贷必相等"的记账规则，登记每项经济业务时，都要在两个或两个以上账户的借方和贷方相互联系地进行反映。账户之间的这种相互关系，称为账户对应关系。

账户之间的对应关系取决于所发生的经济业务性质。

例如，某公司一项经济业务发生，计入"银行存款"账户借方50000元和"营业收入"账户贷方 50000 元，通过这两个账户的对应关系，可以了解到银行存款的增加，是由于增加了营业收入。

◆ 需要注意的是：账户对应关系并非指某两个账户是固定的对应账户，它是相对某项具体经济业务而言的。

例如，会计将现金 120000 元存入银行。这项经济业务发生后，应计入"银行存款"账户借方 120000 元和"库存现金"账户贷方 120000 元。这是因为这项经济业务使"银行存款"和"库存现金"这两个账户发生了应借、应贷的相互关系，这两个账户成了对应账户。

随堂测试

1. 复式记账法原理。

2. 借贷记账法的概念。

下 午 凭证管理有诀窍

◇ 第一堂 会计凭证的基本知识

一、会计凭证的概念

一些家庭中有人为了合理规划财务，采用了记账的形式记录日常的开支，一些单据就会成为记账的凭证，比如公交卡的充值票据或在超市购买商品后的小票会成为家庭记账的依据，这在会计上就叫做会计凭证。

会计凭证，简称凭证，是记录经济活动、明确经济责任的书面证明，是出纳人员登记账簿的主要依据，凭证上有部门和相关人员的签名或盖章就表示了会计凭证的真实性、正确性与合法性，这些部门和人员要对会计凭证负一定的责任。

家庭记账时我们会对购物小票进行核算，尽管现在商场和超市都已采用电子计算系统也难免出现失误，如果小票的核算出现错误，那么账簿也不会正确，所以要对小票严格核算。家庭账簿尚且如此，企业的账簿更不能有误，要保证账簿的正确就需要保证源头的正确，所以出纳人员要对会计凭证认真核算。企业的账簿出现错误不仅会对企业造成损失，还可能给国家造成经济损失，所以出纳人员一定要高度重视会计凭证的真实性、正确性和安全性。

◆ 会计凭证的基础性作用要求出纳人员加强对会计凭证的保管，会计凭证分为原始凭证和记账凭证。原始凭证，又称原始单据，是在经济业务发生或完成时取得或填制的，用以记录、证明经济业务已经发生或完成的原始凭证，是进行会计核算的原始资料，原始凭证具有一定的法律效力。记账凭证是会计人员根据审核后的原始凭证进行归类、整理，并确定会计分录而编制的凭证，是直接凭以登账的依据。

通过原始凭证和记账凭证的定义我们可以看出会计凭证的重要性，所以出纳人员一定要保管好会计凭证。

根据现行规定，会计凭证在保管期间不允许外借。出纳人员一定要牢记这一点，因为将凭证借给他人可能造成凭证丢失或其他问题，会给财务工作带来很大的麻烦。如果事情紧急，必须外借时，一定要向主管人员请示，并详细记录借用人的信息和使用用途。

对于会计凭证的管理，出纳人员还要做到分门别类，按序整理装订成册，封面上还要详细写明会计凭证的名称、起讫号、时间以及有关人员的签章。

◆ 会计凭证管理的期限为15年，一些超过年限的会计凭证，出纳人员可以向主管人员提出销毁请示，依法定程序对其进行销毁，对于企业中的一些重要凭证需要永久保留的，出纳人员不能擅自销毁。表2-4为企业和其他组织会计档案的保管期限表，每位会计出纳人员都要按下图所示期限进行保管。

表 2-4　　　　　　　　**企业和其他组织会计档案保管期限表**

序号	档案名称	保管期限	备　注
一	会计凭证类		
1	原始凭证	15 年	
2	记账凭证	15 年	
3	汇总凭证	15 年	
二	会计账簿类		
4	总账	15 年	包括日记账
5	明细账	15 年	
6	日记账	15 年	现金和银行存款日记账保管 25 年
7	固定资产卡片		固定资产报废清理后保管 5 年
8	辅助账簿	15 年	
三	财务报告类		包括各级主管财务报告
9	月、季度财务报告	3 年	包括文字分析
10	年度财务报告决算	永久	包括文字分析
四	其他类		
11	会计移交清册	15 年	
12	会计档案保管清册	永久	
13	会计档案销毁清册	永久	
14	银行余额调节表	5 年	
15	银行对账单	5 年	

二、会计凭证的装订

大小不一、杂乱无序的纸张要想装订整齐、美观，首先就需要对它们进行整理，参差不齐的会计凭证要想美观也需要对其进行整理。整理的方法主要有以下三种：排序、粘贴和折叠。

首先来说排序，这里的排序并不是指以会计凭证的大小排序，不是指大的在下面，小的在上面，而是要按凭证的日期排序，从月初到月末排序。另外，原始凭证附在记账凭证后面的顺序应该与记账凭证所记载的内容顺序一样，这样可以保证账簿与凭证的顺序一致，查阅起来会更方便。

如果原始凭证的纸张面积大于记账凭证，便可以按照从右向左，从上到下的顺序折叠，使两者面积相同，需要查阅时只要将折叠部分展开就可以了。如果原始凭证的个头远远小于记账凭证，就不需要直接装订了，应该将个头太小的原始凭证粘在与记账凭证面积相同的白纸上。如果原始凭证与记账凭证的个头差不多，便可使用回形针或大头针别在记账凭证的后面，装订时再将回形针或大头针去掉即可。

对于同类的票据应该尽量粘在一起，这样方便查阅，对于板状的票据应该将票据的纸板去除，这样方便装订。

如果原始凭证的数量过多且面积过大时，将这些凭证单独放在一个特定的地方专门保管，只要相应的记账凭证后面注明保管地点即可。

会计凭证装订是将编号排序、外加封面、封底，装订成册，并在装订线上加贴封签。

装订封面时，应在封面上详细填写企业名称、年度、月份、记账凭证的种类、起讫日期、起讫号数以及记账凭证和原始凭证的张数，并在封签处加盖会计主管的骑缝图章。

装订单式凭证时，要按凭证号码排序，这样可以保持会计分录的完整。

一些重要的原始单据，可以另编目录，单独保管，并在记账凭证上注明日期和编号。

会计凭证装订成册时就像一本已出版的图书，图书不能太厚也不能太薄，太厚不方便读者阅读，太薄了内容不丰富，所以图书的厚度要适宜。会计凭证也如此，会计凭证太厚也不方便财务人员查阅，太薄了不利于戳立放置。因此装订时要把握好凭证的厚度，一般在 1.5~2.0cm 为宜。

要想让会计凭证的外形美观，可以采用角订法，此法不仅装订方便而且效果很好。

它的具体操作步骤如图 2-6 所示。

（1）做好护角线。做护角线就是将一张与封面大小相同的纸张放在封面的上角，这时将凭证的封面和封底裁开，附在凭证前面和后面。等腰三角形有稳固的作用，在凭证左边靠上的位置画一个大约 5 厘米的等腰三角形，用夹子将其固定，然后再用装订机在底线上均匀地打两个眼儿。

如果有大针，便可以利用大针将线绳从两个眼中穿过。如果没有针也可以利用回形针穿线，将回形针的两端折向同一个方向，便可将绳夹紧，线就可以穿过去了。线穿过之后，线绳放在凭证的中端进行打结。

（2）将护角向左侧向上位置侧折，并剪开凭证的左上角，涂上胶水后向后折叠。

（3）同时将凭证上的线绳扣用胶水粘死。

（4）胶水晾干后，在凭证的脊背上写上"某年某月第几册共几册"的字样。装订人也要在装订处签名盖章。

随堂测试

1. 会计凭证的内容。

2. 会计凭证的装订。

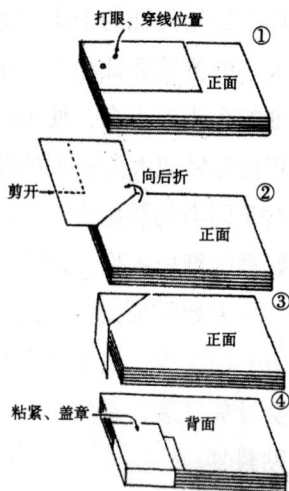

图 2-6 凭证装订方法

◇ 第二堂 原始凭证的审核

一、原始凭证

原始凭证简单地说就是商品交易或劳务关系发生时最初的凭证，如收货单、发货单、购货发票、付款收据、费用报销单等。

原始凭证分为外来原始凭证和自制原始凭证。外来原始凭证是指同外部企业发生经济往来关系时，从外部企业取得的原始凭证。如购货时取得的发货票、付款时所取得的收据等。自制凭证包括：一次凭证、累计凭证、记账编制凭证汇总和原始凭证。

原始凭证的形式多种多样，但无论哪种原始凭证都包括如下要素：

（1）原始凭证名称。任何原始凭证都应有名称。如收料单、领料单、增值税发票等。

（2）填制凭证的日期。必须写明原始凭证填制的日期，以表明这项经济业务是在什么时候发生或完成的。如在领料单上要写明填制领料单的日期。

（3）填写凭证编号。

（4）填制凭证企业的名称或者填制人姓名。如发票上要写明购货企业的名称，企业名称要写全称，不得省略。

（5）经济业务的基本内容。填明经济业务发生的数量、单价、金额。如在领料单上要有数量、单价和金额等。

（6）经办人员的签名或盖章。为了明确责任，原始凭证必须由编制企业加盖公章，并由经办人员签名或盖章。如领料单上，应有主管人员、记账人员、领料企业负责人、领料人和发料人的签名或盖章。

二、原始凭证的填制

（一）原始凭证的填制要求

原始凭证的种类多种多样，具体的填制方法和要求也不尽一致。但为了保证原始凭证能够正确、清晰地反映经济业务活动情况，明确经济责任，并具有法律效力，在填制时必须按如下要求进行：

（1）真实可靠。原始凭证上所载的经济业务内容、日期和数字金额必须与经济业务发生的实际情况完全相符，绝对不允许歪曲经济业务真相，弄虚作假。一些实物数量、质量和金额的计算，必须做到准确无误，不得匡算或估计。

（2）内容完整、书写清晰。要严格按规定的格式和内容逐项填写。所有的项目必须填写齐全，不可省略或漏填。

◆ 需要注意的是：年、月、日应当按照填制原始凭证的实际日期填写；不得随意简化名称；凭证上的文字字迹要工整、易于辨认；如果发现凭证有错误，应当按规定及时更改，而对于一些不能在凭证上更正的错误，应加盖"作废"戳记，连同存根一起保留，不得撕毁；凡填有大写小写金额的原始凭证，大小写金额必须相符；一式几联的凭证，必须用双面复写纸套写，单页凭证必须用钢笔填写。

（3）连续编号、填制及时。各种凭证都必须连续编号，以备查考。每当一项经济业务发生或完成，经办人员都要立即填制原始凭证。不事后补制，防止时过境迁，出现差错。

（二）原始凭证的填制方法

（1）一次凭证的填制方法。一次凭证的填制是在企业经济业务发生或完成时，由经办人一次填制的。一般只反映一项经济业务，或者同时反映若干项同类性质的经济业务。

一次凭证有些是自制的原始凭证，如"收料单"、"领料单"、"工资结算单"等；有些是外来凭证，如"增值税专用发票"、"运杂费收据"等。

下面以"工资结算单"为例，说明其填制方法。

工资结算单是企业核算职工工资的单据，工资结算单一般为一式两联，职工保留一份，财务部门保留一份。如表2-5所示。

（2）累计凭证的填制方法。累计凭证是指在一定时期内连续记载同类经济业务的完成情况，它是由经办人员在每次经济业务完成后在凭证上重复填制完成的。

下面以"限额领料单"为例，介绍累计凭证的填制方法。

"限额领料单"是多次使用的累计领料凭证，在一定时期内（一般为一个月），只要企业领用数额不超过限额，就可连续多次使用，直到限额用完为止，才完成全部填制手续。

"限额领料单"一般一料一单，一式两联，即一种原材料填写一张单据，其中一联交仓库据以发料，一联交领料部门作为领料的依据。领料部门领料时，应在"限额领料单"内注明申请领取数量，经负责人签章批准后，持往仓库领料。

仓库发料时，应根据"限额领料单"上的品名、规格在限额内发料，同时将实发数量及限额结余填写在限额领料单内，并由领、发料双方在该料单上签章。

月末，将结出实发数量和金额的领料单转交会计部门，以此来计算材料费用。"限额领料单"的格式如表2-6所示。

表2-5

工资结算单

部门：

年　月　日

姓名	基本工资	经常性奖金	津贴和补贴			加班加点工资	应扣工资		应付工资	代发款项				代扣款项				实发金额	领款人签章
			物价补贴	中夜班津贴	住房补贴		病假	事假		洗理费	福利费	小计	伙食费	房电费	保险费	小计			
合计																			

部门主管：　　　　　　工资核算员：　　　　　　复核：　　　　　　编报日期：

表 2-6 限额领料单

领料部门： 年 月 发料仓库：

材料编号	材料名称	规格	计量单位	计划投产量	单位消耗定额	领用限额	实发		
							数量	单价	金额
日期	领用			退料			限额结余数量		
	数量	领料人	发料人	数量	退料人	收料人			

供货企业负责人： 生产部门负责人： 仓库保管员：

三、原始凭证的审核

1. 原始凭证中容易出现的错误与舞弊

（1）内容记账不清晰，或故意掩盖事情真相。

（2）无收款企业盖章。

（3）模仿领导笔迹签字冒领。

（4）填挖或涂改原始凭证上的时间、金额等。

（5）在整理和粘贴原始凭证过程中作弊。比如在粘贴、整理原始凭证时，故意抽出个别原始凭证，或在汇总原始凭证金额时，多汇或少汇，以此达到作弊的目的。

为了保证原始凭证的记录真实可靠，会计人员必须认真、严格地审核原始凭证。在会计核算工作中，如果原始凭证的审核做不好，编制记账凭证就会出现差错。因此，审核原始凭证是会计人员的一项重要工作。

2. 原始凭证的审核

原始凭证的审核，主要包括以下三个内容：

（1）审核原始凭证的合法性、合理性和真实性。审核原始凭证所记录的经济业务是否违反了国家有关政策、法令有关规定，审批手续是否完备。如发现违反财经纪律和制度的情况，会计人员有权拒绝付款、报销和执行。对于弄虚作假、伪造涂改等不真实、不合法的原始凭证，有权不予受理，并向企业负责人报告。

（2）审查原始凭证填写的内容是否符合规定的要求。如查明凭证所记录的经济业务是否符合实际情况，应填写的项目是否齐全，数字和文字是否正确，书写是否清楚，有关人员是否已签名盖章等。如有手续不完备或数字计算错误的凭证，应由经办人员补办手续或更正错误。

（3）审核原始凭证的完整性。审核原始凭证的完整性，是指审核原始凭证是否具备合法凭证所必需的基本内容，这些内容填写是否齐全，有无遗漏的项目；审核原始凭证的填制手续是否完备，有关企业和经办人员是否签章；是否经过主管人员审核批准；须经政府有关部门或领导批准的经济业务，审批手续是否按规定履行等。

会计人员在审核原始凭证时，应根据不同情况，采取相应的措施，坚持原则。对内容不完整、书写不清楚的原始凭证，会计人员应及时退回，请其补办手续或进行更正。对于那些歪曲事实、伪造等弄虚作假的原始凭证，会计人员应当予以扣留并及时上报。

随堂测试

1. 原始凭证的填制要求。

2. 原始凭证的审核。

◇ 第三堂　记账凭证的审核

记账凭证是由会计人员根据审核无误的原始凭证，加以归类整理而编制的，是登记账簿的直接依据。

一、记账凭证的基本内容

记账凭证种类繁多，格式各异，但都是通过对原始凭证进行分类、整理，用来确定会计分录并具以登记账簿的一种会计凭证。因此，无论哪一种记账凭证，都必须具备以下一些基本内容：

（1）填制企业的名称。

（2）记账凭证的名称（如收款凭证、付款凭证、转账凭证等）。

（3）填制凭证的日期，通常用年、月、日表示。

（4）记账凭证的编号。

（5）经济业务的内容摘要。

（6）经济业务应借、应贷的账户名称（包括一级、二级和明细科目）、记账方法和金额。

（7）所附原始凭证的张数。

（8）制证、审核、记账及会计主管人员的签名或盖章。收付款的记账凭证还应由出纳人员签名或盖章。

以自制的原始凭证代替记账凭证的，必须具备记账凭证应有的项目。

二、记账凭证的填制

各种记账凭证都必须按照规定的格式和内容正确地填制，填制时要求格式统一、内容完整、填写及时、对应关系清晰、摘要简练、书写清楚。为此，具体要求如下：

1. 填制记账凭证的要求

（1）对记账凭证进行正确编号。

◆ 填制记账凭证时，应当在一个月内对记账凭证进行连续编号，这样做主要是能够一目了然地分清记账凭证的先后顺序，便于日后的对账和查核。

记账凭证编号的方法有很多，可以按现金收入、现金支出、银行存款收入、银行存款支出和转账五类进行编号。

例如，现收字第×号，现付字第×号，银收字第×号，银付字第×号，转字第×号。也可以按现金收付、银行存款收付和转账业务三类分别编号。由于各企业规模大小、业务繁简程度以及分工情况不同，所以记账凭证编号也不同，但无论采用何种方式，都应按月顺序编号，即可以将全部记账凭证作为一类统一编号，每月从第 1 号记账凭证起，按经济业务发生的顺序编制到月末。

◆ 一笔经济业务需要填制两张或者两张以上记账凭证的，可以采用分数编号法编号，并将原始凭证附在某一种记账凭证后，在未附原始凭证的凭证上注明"单据附在第×号记账凭证上"。

如"1"号会计事项分录需要填制三张记账凭证，就可以编成 1（1/3）、1（2/3）、1（3/3）号。前面的数字"1"表示业务顺序，分数的分母"3"表示这项经济业务共编三张记账凭证，分数的分子表示是其中第几张凭证。

（2）准确填写记账凭证的日期。填写记账凭证的日期要遵守及时原则，当天编制的记账凭证要填写当天的日期。对于不能确定具体日期的记账凭证，如收益、分配费用、结算成本利润等记账凭证，应填写当月月末的日期；财务人员自制的计提和分配费用等转账记账凭证，要填写当月最后一天的日期；差旅费的记账凭证要填写报销当日的日期；采用银行存款结算方式发生的付款记账凭证要按银行开具付账凭证的日期或承付日期填写。

（3）记账凭证必须附有原始凭证（结账和更正错误的记账凭证可以不附原始凭证）。有时一张原始凭证可能会涉及几张记账凭证，只需在一张最主要的记账凭证后面附上原始凭证，并且在其他记账凭证上注明该原始凭证的编号或复印件。

一张原始凭证所列支出需要几个企业共同负担的，应开给对方原始凭证分割单，进行结算。原始凭证分割单必须具备原始凭证的基本内容。

（4）如果在填制记账凭证时发生错误，应当重新填制。如已经登记入账的记账凭证，应予以更正，其更正方法请查看上面的更正账簿。

（5）填制完经济业务事项后的记账凭证，如有空行，应从金额栏最后一笔金额数字下的空行处至合计数上的空行处画线注销。

（6）各种记账凭证都必须采用规定的格式，不能轻易更换，以免引起凭证传递、编号、使用、装订、保管等方面的混乱。

2. 常用记账凭证的填制方法

（1）专用记账凭证的填制。专用记账凭证，是用来专门记录某一类经济业务的记账凭证。按其反映的经济业务是否与现金和银行存款的收付有关，**可以分为收款凭证、付款凭证和转账凭证三种。**

（2）收款凭证的填制方法。收款凭证是用以反映现金和银行存款收入业务的记账凭证。凡是引起现金、银行存款增加的业务，都要根据现金、银行存款的收入原始凭证填制收款凭证。

在收款凭证左上方所填列的贷方科目应是"现金"或"银行存款"科目；右上方应填写凭证编号，收款凭证的编号一般按"现收×号"和"银收×号"分类，业务量少的企业也可不分"现收"与"银收"，而按收款业务发生的先后顺序统一编号，如"收字×号"。填写时应注意按顺序编写，不得漏号、重号、错号，一般每月重编一次。

收款凭证上方的年、月、日应按编制凭证的日期填写；金额栏填列经济业务实际发生的数额。

"记账"栏应注明记入分类账或日记账的页码，或由"√"代替，表示已结账，"摘要"栏内填写经济业务的内容梗概。

在凭证的最右侧填写所附原始凭证张数，并在出纳及制单处签名或盖章。

如达达公司 2008 年 5 月 15 日收到远方国际公司发来的投资款 200000 元。收款凭证的填写如表 2-7 所示。

表 2-7

收款凭证

借方科目：银行存款　　　　　2008 年 5 月 15 日　　　　　银收字第 10 号

摘要	贷方科目		金　额										记账
	总账科目	明细科目	千	百	十	万	千	百	十	元	角	分	√
收到投资款	实收资本	远方国际公司			2	0	0	0	0	0	0	0	
合　计					2	0	0	0	0	0	0	0	

财务主管：（盖章）　记账：（盖章）　出纳：（盖章）　审核：（盖章）　制单：（盖章）

（3）付款凭证的填制方法。付款凭证是用来记录货币资金付款业务的凭证。凡是引起现金、银行存款减少的业务，都要根据现金、银行存款开支的原始凭证填制付款凭证。

付款凭证的填制方法和要求与收款凭证基本相同，不同的是因为现金和银行存款的减少应记账户的贷方，所以在付款凭证的左上方应填列贷方科目（或账户）；付款凭证的对应科目为借方科目（或账户）。

为了避免重复记账或漏记账，对于现金和银行存款之间以及各种货币资金之间相互划转的业务，应该如何填制记账凭证呢？

应当注意的是，在实际工作中，对于只涉及"现金"和"银行存款"相互转划的业务，如将现金存入银行以及从银行提取现金等经济业务。一般习惯性的做法是只编制付款凭证，不编收款凭证。即在记账时，根据"借方科目"和"贷方科目"分别登记入账，例如，以现金存入银行，只填制一张现金付款凭证，不再填制银行存款收款凭证；从银行提取现金时，同样只填制一张银行存款付款凭证，不再填制现金收款凭证。

在凭证的最右侧填写所附原始凭证张数，并在出纳及制单处签名或盖章。

如顶大公司于 2008 年 4 月 25 日购入空调 5 台，计 25000 元，已使用银行存款支付。据此购买空调的发票编写付款凭证如表 2-8 所示。

表 2-8　　　　　　　　　　　付款凭证

贷方科目：银行存款　　　　　　　2008 年 4 月 25 日　　　　　　　银付字第 5 号

摘要	借方科目		金　额									记账
	总账科目	明细科目	千	百	十	万	千	百	十	元	角	分	√
购买空调	管理费用	公司经费				2	5	0	0	0	0	0	
合　计						2	5	0	0	0	0	0	

财务主管：(盖章)　记账：(盖章)　出纳：(盖章)　审核：(盖章)　制单：(盖章)

（4）转账凭证的填制方法。转账凭证是用以反映与现金和银行存款收付无关的转账业务的凭证，它是由会计人员根据审核无误的转账业务原始凭证填制的。凡是不涉及现金和银行存款增加或减少的业务，都必须填制转账凭证。

转账业务没有固定的账户对应关系，因此在转账凭证中，要按"借方科目（或账户）"和"贷方科目（或账户）"分别填列应借、应贷的一级科目和二级明细科目，借方在先，贷方在后。借方科目的金额与贷方科目的金额都在同一行的"金额"栏内填列且数额相等。制单人应在填制凭证后签名盖章，并在凭证的右侧填写所附原始凭证的张数。

如小康公司于2008年10月12日销售给长江工厂A产品500件，每件售价100元，计货款50000元，应交增值税为5000元，货款尚未收到。据此填写转账凭证如表2-9所示。

表2-9　　　　　　　　　　　　　转账凭证

2008年10月12日　　　　　　　　　转字第22号

摘要	总账科目	明细科目	借方金额										贷方金额										记账√
			千	百	十	万	千	百	十	元	角	分	千	百	十	万	千	百	十	元	角	分	
销售A产品	应收账款	长江工厂			5	5	0	0	0	0	0	0			5	0	0	0	0	0	0		
	应交税费															5	0	0	0	0	0		
合计					5	5	0	0	0	0	0	0			5	5	0	0	0	0	0		

财务主管：（盖章）　记账：（盖章）　出纳：（盖章）　审核：（盖章）　制单：（盖章）

3. 通用记账凭证的填制

各企业根据会计业务量的多少也可以使用通用记账凭证。它是用来记录各项经济业务的记账凭证。其格式及填制方法与转账凭证完全相同，一般适用于业务量少，凭证不多的企业。其格式如下表2-10所示。

4. 汇总记账凭证的填制

（1）汇总收款凭证的填制。汇总收款凭证是指依据"现金"和"银行存款"科目的借方分别设置的一种汇总记账凭证，其汇总了一定时期内现金和银行存款的收款业务。

汇总记账凭证按贷方科目加以归类汇总，定期（5天或10天）填列一次，每月填制一张。月终，计算出汇总收款凭证的合计数，分别登记现金、银行存款账户的借方，以及各个对应账户的贷方。汇总收款凭证如表2-11所示。

表 2-10 通用记账凭证

2008 年 12 月 10 日　　　　　　　　　　转字第 15 号

摘要	总账科目	明细科目	借方金额										贷方金额										记账√
			千	百	十	万	千	百	十	元	角	分	千	百	十	万	千	百	十	元	角	分	
分配工资	管理费用	B产品					6	1	0	0	0	0											
	制造费用						5	9	0	0	0	0											
	生产成本					1	2	0	0	0	0	0											
	应付工资						·									2	4	0	0	0	0	0	0	
合计						2	4	0	0	0	0	0			2	4	0	0	0	0	0	0	

财务主管：（盖章）　记账：（盖章）　出纳：（盖章）　审核：（盖章）　制单：（盖章）

表 2-11 汇总收款凭证

借方科目：银行存款　　　　2008 年 10 月　　　　　　汇收字第 2 号

贷方科目	金 额				总账页数	
	1~10 日	11~20 日	21~30 日	合计	借方	贷方
	银收字	银收字	银收字			
	第 1~5 号	第 6~7 号	第 8~10 号			
库存现金	2000	4000	4000	10000		
应收账款	98000	12000	50000	160000		
短期借款		31000	19000	50000		
实收资本	46000			46000		
合计	146000	47000	73000	266000		

财务主管：（盖章）　记账：（盖章）　出纳：（盖章）　审核：（盖章）　制单：（盖章）

（2）汇总付款凭证的填制。汇总付款凭证根据现金和银行存款的付款凭证，按"库存现金"、"银行存款"科目的贷方分别设置，其汇总了一定时期内库存现金和银行存款的付款业务。

汇总付款凭证按借方科目加以归类汇总，定期（5 天或 10 天）填列一次，每月填制一张。月终，计算出汇总付款凭证的合计数，分别登记总分类账现金、银行存款的贷方，以及各个对应账户的借方。汇总付款凭证的格式如表 2-12 所示。

（3）汇总转账凭证的填制。汇总转账凭证是指按转账凭证每一贷方科目

表 2-12　　　　　　　　　　汇总付款凭证

贷方科目：库存现金　　　　　　2008 年 7 月　　　　　　汇付字第 6 号

借方科目	金　额				总账页数	
	1~10 日	11~20 日	21~30 日	合计	借方	贷方
	现付字	现付字	现付字			
	第 1~7 号	第 8~14 号	第 15~22 号			
银行存款		1200	3500	4700		
投资收益	14000		5600	19600		
生产费用	1560	1440	3500	6500		
合计	15560	2640	12600	30800		

财务主管：(盖章)　记账：(盖章)　出纳：(盖章)　审核：(盖章)　制单：(盖章)

分别设置的，其汇总了一定时期内的转账业务。

汇总转账凭证按对应的借方科目归类汇总。定期（5 天或 10 天）填列一次，每月填列一张。月终，计算出汇总转账凭证的合计数，分别登记各有关总账的贷方或借方。

在汇总期内，倘若某一贷方科目的转账凭证为数不多时，则可根据转账凭证直接记入总分类账。

值得注意的是：在填制转账凭证时，应使科目的对应关系保持一个贷方科目同一个或几个借方科目相对应的会计分录，不得出现一借多贷的科目对应关系的转账凭证。汇总转账凭证的格式如表 2-13 所示。

表 2-13　　　　　　　　　　汇总转账凭证

贷方科目：原材料　　　　　　2008 年 5 月 4 日　　　　　　汇转字第 9 号

借方科目	金　额				总账页数	
	1~10 日	11~20 日	21~30 日	合计	借方	贷方
	转字	转字	转字			
	第 1~7 号	第 8~14 号	第 15~22 号			
生产成本	100000	120000	150000	370000		
制造费用	4000	8000	12000	24000		
管理费用	4500	2500	3000	10000		
合计	108500	130500	165000	404000		

财务主管：(盖章)　记账：(盖章)　出纳：(盖章)　审核：(盖章)　制单：(盖章)

（4）记账凭证汇总表的填制。根据记账凭证逐笔登记总账，如果工作量很大，可以先填制记账凭证汇总表，然后根据记账凭证汇总表再来登记总账。填制方法一般如下：

①填写记账凭证汇总表的日期、编号（汇总表的编号一般按年顺序编列）和会计科目名称（汇总表上会计科目名称的排列应与总账科目的序号保持一致）。并将需要汇总的记账凭证，按照相同的会计科目名称进行归类。

②将相同会计科目的本期借方发生额和贷方发生额分别加总，求出合计金额，并将每一会计科目的合计金额填入汇总表的相关栏目。

③结计汇总表的本期借方发生额和本期贷方发生额合计，双方合计数应相等。

记账凭证汇总表如下表2-14所示。

表2-14　　　　　　　　记账凭证汇总表

×××年7月　　　　　　　　　　　汇字第29号

会计科目	1~10日		11~20日		21~30日		合计数		账页
	借方	贷方	借方	贷方	借方	贷方	借方	贷方	
现金									
银行存款									
应收账款									
原材料									
固定资产									
累计折旧									
短期借款									
应付账款									
应付职工薪酬									
应交税费									
实收资本									
本年利润									
生产成本									
制造费用									
管理费用									
营业收入									
营业成本									
销售费用									
合计									

三、记账凭证的审核

为了保证记账凭证的正确性，除了编制记账凭证的人员应认真负责、正确填制、加强自审以外，同时还应建立专人审核制度。因此，记账凭证编制后，必须经专人审核才能据以记账。审核的主要内容如下：

（1）记账凭证是否附有原始凭证，所附原始凭证是否齐全、手续是否完备以及张数、经济内容、金额是否与记账凭证一致。

（2）记账凭证有关项目如日期、摘要、凭证编号是否填写齐全，有关人员是否签名盖章。

（3）会计科目的使用是否正确，账户的对应关系是否清晰，是否符合国家会计制度的规定。

（4）应借、应贷账户的名称和金额是否正确；账户对应关系是否清晰。

◆ 经审核发现记账凭证上有错误，或者不符合要求，应查清原因，按规定要求填制人员重新填制，或按规定的方法进行更正。只有经审核无误的记账凭证，才能据以记账。

随堂测试

1. 记账凭证的内容。

2. 记账凭证的填制。

周三 战胜账簿的兵法

上 午　建账入门

◇ 第一堂　账簿的分类与设置

一、账簿的分类

提起账簿，一般人会想到账本，日常生活中，为了研究钱的来龙去脉有人会用一个日记本将平日里的花销记录下来，一个月或一年后对家庭开支进行一次分析总结，账簿与此相似。但是要比家庭账本更专业，主要指以会计凭证为依据，延续地、系统地、全面地、综合地记录和反映各项经济业务的内容，并以相互联系的专门格式和账页所组成的簿籍。设置和登记账簿是会计核算的一种专门方法，也是会计核算的主要环节。

账簿有多种分类，我们在这里主要按账簿的性质和用途分类及形式进行分类，这是最常用的账簿分类方法。

1. 账簿按性质和用途分类

账簿按性质和用途可分为日记账、分类账和备查账。

(1) 日记账。日记账又称为序时账簿，是按经济业务发生时间的先后顺序记录经济业务的账簿，简单理解就是像写日记一样，一天天地逐日记账，就称为日记账。日记账又可根据记录经济业务范围的不同，分为该种账簿普通日记账和特种日记账。普通日记账的主要任务是按日记录所有经济业务，而特种日记账的主要任务是记录某种经济业务，像特种兵只承担某种训练任务一样，常见的特种日记账主要有现金日记账和银行存款日记账，这两种账目是出纳主要负责的内容。

（2）分类账。分类账指根据账户不同而分类记录各项经济业务的账簿。此账簿根据账户的详细程度不同，分为总分类账户和明细账户。总分类账簿就是通常所说的总账，它主要根据一级会计科目设立，而明细分类账簿则是按照二级或明细会计科目设立的分类账户。两者担任的角色不同，总分类账户主要记录一些带有总核算的账户，而明细账户则关注细节。

（3）备查账。在现实财会工作中会出一些账簿中不能记载或财会人员忘记记载账目的事情，为了保证财会工作的顺利进行，就需要一个具有补充性质的账簿，这就是备查账的作用。常见的备查账有租入、租出固定资产登记簿、代销商品登记簿等。

2. 账簿按外在形式分类

账簿按照外在形式来分，可分为订本账、活页账、卡片账。

（1）订本账。一些账簿为了防止账页散失、受损，便将账页装订成册，像日常中看到的书籍一样，这样的账簿易于归档保管，这就是订本账。通常总分类账簿和现金日记账、银行存款日记账会采用此形式。

（2）活页账。一些账簿因为不能确定账簿使用的页数，不能采用固定形式的记账方式，这样会给记账工作带来不便，如果采用固定记账本的形式，在年底账本刚好少了一页，如果重新启用新账簿，就会浪费一个新账簿，因为按规定上一年的账簿都要归档封存，所以就有活页账，它是将账页装订在账夹中的账簿。活页账簿可以根据需要增加账页，而且分工。当然，活页账最大的缺点是容易丢失或损坏，这就需要在此账簿在使用前加上连续编号，防止丢失且易于装订成册，明细分类账多为活页账。

（3）卡片账。卡片账类似日常中见到的贺卡，这种账簿的特点是比较灵活，可根据需要增添、调整，但容易丢失，想想一张贺卡和一本厚厚的书，哪个更易丢失？

账簿根据记录的经济内容不同，形式也多种多样，这是事物的多样性，但是账簿还有它的共性，所有的账簿包括的一些基本内容是相同的，此为它们的共性。下面我们介绍一下它们的共性：

①封面：主要标明账簿的名称，如总分类账、制造费用明细账、材料明细账等，还应标明记账企业名称。

②账页：账页是账簿的主要内容，它除了要标明账户名称、总页数和分页数外，主要记录经济业务的内容，设置有登账日期栏，凭证种类和号数栏、摘要栏、金额栏。

二、账簿的设置

出纳主要设置订本式的"现金日记账"、"银行存款日记账"和有关有价证券方面的一些明细分类账。有价证券明细账主要核算股票、债券等有价证券的增减变动及结存情况。出纳人员对由自己负责保管的各种有价证券进行核算时，要分设明细账，如设"长期投资股票投资（××股票）"明细科目核算本企业对××股票的购进、售出以及结存情况。

日记账可以先用"三栏式"账簿，也可以根据经济业务的特点和经营管理的需要，选用"多栏式"账簿。明细账一般选用"三栏式"账簿。

日记账是按照经济业务发生的时间先后顺序逐日逐笔进行登记的账簿。其工作量相当大，不便于出纳人员分工记账。

随着企业管理对出纳人员提供的账务信息要求越来越高，日记账也经历了一个由简单到复杂的发展过程。因此，现在常见的日记账簿有普通日记账和特种日记账两类。

1. 普通日记账

普通日记账又称"分录簿"，是逐日登记一般经济业务的序时账簿，格式如表 3-1 所示。设置普通日记账的企业，一般只设置一本日记账。会计人员应每天将企业所发生的经济业务记入普通日记账中，再根据日记账过入分类账，并在"过账"栏内注明"√"符号，表示已经过账。

这种日记账设有借方和贷方两个金额栏：其优点是能够全面反映一定时期内企业经济业务活动情况，但不结出余额；缺点是不能将所发生的经济业务归集，所以，工作量会比较大。如表 3-1 所示。

表 3-1　　　　　　　　　　　普通日记账

年		会计科目	摘要	账户名称	过账	借方金额	贷方金额
月	日						

2. 特种日记账

特种日记账是用来逐日逐笔登记某一类经济业务发生情况的日记账。它是企业管理者为了加强对现金、银行存款、采购等经济业务的控制和管理而产生的。

企业最常见的特种日记账有现金日记账和银行存款日记账。特种日记账的格式主要有三栏式和多栏式两种形式。

（1）现金日记账。现金日记账是用来核算和监督库存现金每日的收入、支出和结存状况的账簿。一般采用"收入"、"支出"和"余额"三栏式。为了清晰地反映现金收付业务的对应关系，在"收入"、"支出"和"余额"三栏之前应设"对应科目"栏，这样方便出纳人员随时了解现金的流向。

现金日记账的"年"、"月"、"日"、"凭证字号"、"摘要"和"对方科目"等栏，应根据有关记账凭证如实登记。

"收入"栏根据现金收款凭证和引起现金增加的银行存款付款凭证登记（从银行提取现金，只编制银行存款付款凭证）；"支出"栏根据现金付款凭证登记。

对于从银行提取现金的业务，由于只编制银行存款、付款凭证，不填制现金收款凭证，因而"收入"栏应根据现金收款凭证和引起现金增加的银行存款、付款凭证登记。

每日终了时，应当结出当日余额，并将现金日记账的账面余额与库存现金实存数核对，借以检查每日现金收入、支出、结余是否正确。

月末时，应结出当期"收入"栏和"支出"栏的发生额和期末余额，并与"现金"总分类账户核对一致，如出现账实不符，应查明原因，及时处理。现金日记账的格式如表3-2所示。

表3-2　　　　　　　　　　　　　　　　现金日记账

年		凭证		摘要	对方科目	收入	支出	结余
月	日	字	号					
				本日合计				

（2）银行存款日记账。银行存款日记账是用来记录和反映银行存款收入、支出和结余情况的账簿。与现金日记账格式有相似之处，即都采用收入、支出和结余三栏式。

不同的是，为便于和银行对账，银行存款日记账还需设置"结算凭证种类和号数"栏，用于登记每一笔银行存款收、付业务结算凭证的种类和序号。

对于向银行送存的现金业务，因习惯上不填制银行存款、收款凭证，所以，此时的收入数应根据编制的现金付款凭证在银行存款日记账的"收入"栏中登记。

每日终了，应结出余额，做到日清，并定期与银行对账单逐笔核对，避免出现透支现象。银行存款日记账的格式如表3-3所示。

表3-3　　　　　　　　　　　　　　　　银行存款日记账

年		凭证		摘要	结算凭证		对方科目	收入	支出	结余
月	日	字	号		种类	编号				
				本月合计						

三、分类账的设置和登记

分类账是会计账簿的主体，是编制会计报表的主要依据。分类账按其所反映经济内容的详细程度不同，可分为总分类账和明细分类账。

（一）总分类账

总分类账也称总账，是按照总分类账户分类记载全部经济业务的账簿。总分类账一般采用三栏式账页格式。由于总分类账能全面地、系统地反映会计六大要素的增减变动，以及结余情况，因此，任何企业都必须设置总分类账。

总分类账一般采用订本式账簿形式，按照会计科目的编号顺序分设账户，并为每个账户预留若干账页。

总分类账最常用的格式是三栏式，在账页中设置借方、贷方和余额三栏式，各企业可以根据自身的需要设置"对方账户"栏或在借、贷方两栏内分别设置"对方账户"栏。总分类账中的对应科目栏，可以设置也可以不设置。"借或贷"栏是指账户的余额在借方还是在贷方。

总分类账的登记比较灵活，可以根据记账凭证逐日逐笔登记，也可以根据多栏式现金、银行存款日记账在月末时汇总登记，也可以通过一定的方式汇总，分期或按月以此登记。如根据多栏式现金、银行存款日记账在月末进行汇总登记。

总分类账的登记主要取决于企业所采用的会计核算程序。

（二）明细分类账

明细账是对总账登记内容的补充。它通常是按照某个总分类科目的二级或明细科目设置账户，详细地登记某类经济业务的增减及结存情况的账簿。

明细分类账的设置，有利于管理者的管理和使用，并为编制财务报表提供了必要的资料。因此，企业只设置了总分类账户还不够，还需进一步设置明细分类账。

明细分类账的格式，应根据企业的管理需要来设计，常采用的格式有三栏式、数量金额式、多栏式三种。

1. 三栏式明细分类账

三栏式明细分类账的格式与总分类账的格式基本相同，只设"借方"、"贷方"和"金额"三个金额栏，不设数量栏，这种格式一般适用于只需进行金额核算，无须对数量核算的情况，如 "应付账款"、"应收账款"。

三栏式与总分类账的区别在于总分类账簿采用订本账，而三栏式明细分类账簿多为活页账。活页账适用于采用金额核算的应收账款、应付账款等账户的明细核算，格式如表3-4所示。

表3-4　　　　　　　　　　　　　　　　　三栏式明细分类账

年		凭证		摘要	借方金额	贷方金额	借或贷	金额
月	日	字	号					

2. 数量金额式明细账

数量金额式明细账的格式是在三栏式明细账的基础上建立起来的，它的基本机构为"收入"、"发出"和"结存"。每栏再设"数量"、"单价"、"金额"三小栏，用来登记财产物资的收入、发出和结存的数量和金额。这种格式的明细账适用于一些既要进行金额核算，又要进行数量核算的财产物资类的明细核算，如"原材料"、"库存商品"等账户的明细账。格式如表3-5所示。

表3-5　　　　　　　　　　　　　　　　　数量金额式明细账

年		凭证		摘要	收　入			发　出			结　存		
月	日	字	号		数量	单价	金额	数量	单价	金额	数量	单价	金额

3. 多栏式明细分类账

多栏式明细分类账是根据经济业务的特点和经营管理的需要，在一张账页的借方栏或贷方栏设置若干专栏，用以在一张账页上集中反映各有关明细项目的金额。如"制造费用明细账"，它在借方栏下，可分设若干专栏，如折旧费、修理费、办公费等。

在实际工作中，如果设置的专栏只反映借方金额或只发生很少贷方金额，可以在借方有关专栏或专行内用红色字迹登记，表示应从借方数额中冲减的贷方数额，如表3-6所示。

表 3-6 多栏式明细分类账

年		凭证		摘要	借 方					贷方	余额
月	日	字	号		消耗材料	直接工资	折旧费	修理费	合计		

随堂测试

1. 账簿的分类。

2. 日记账的设置。

◇ 第二堂 日记账的登记

一、日记账的启用

出纳主要负责现金日记账和银行存款日记账的登记，这两种账簿是各企业重要的经济档案，是国家考察企业经济活动的依据。为了方便查找，会计有关部门对账簿的启用进行了规范，各企业需按这些规范启用和登记，下面我们介绍一下日记账簿的启用。

首先各企业启用账簿时，要填写"账簿启用表"和"账簿目录表"，账簿启用表主要是用来记录启用企业的信息，包括企业名称、账簿名称、账簿编号和启用日期，同时账簿启用表中还要填写经管人员的信息，包括经管人的姓名、职位、接管和移交日期，待所有信息填写完整后，可以交由会计主管人员签名盖章，包括主管个人印章和企业公章。

现在日记账中设置有两个以上账户的，按规定应在账户目录表中填写，账户目录表一般在账簿的第二页，上面要将账户名称和页码填写清楚，便于查找和核对。如表 3-7 所示。

表 3-7　　　　　　　　　　　账簿启用表

单位名称				盖　章				
账簿名称			（第　页）					
账簿编号								
账簿页数	本账簿共计　页　本账簿　页数　检点人盖章							
启用日期	公元　　年　　月　　日							
经管人员	单位主管		账务主管		复　核		记　账	
	姓名	盖章	姓名	盖章	姓名	盖章	姓名	盖章
接交记录	经管人员			接　管			交　出	
	职别		姓名	年	月	日　盖章	年　月	日　盖章
备　注								

二、日记账登记

账簿启用工程完成后，出纳人员的主要工作是——登记账簿。

◆ 日记账填写的总要求为：分工明确，专人负责，凭证齐全，内容完整，登记及时，账款相符，数字真实，表达准确，书写工整，摘要清楚，便于查阅，不重记，不漏记，不错记，按期结账；不拖延积压，按规定方法更正错账等。

出纳人员看到上面的总要求是不是有一种不知所措的感觉，就像上学时老师对学生说"一定要好好学习，考出好成绩"一样，有点空洞，老师倒不如直接告诉学生："每天要做 15 道题，写 100 个字，这样做就可以考满分。"学生如此，初做出纳的人员也如此，为了让出纳人员更详细地知道登记日记账的细节，下面我们就介绍一下登记日记账的具体要求。

1. 认真核对记账凭证，准确无误的记账凭证才可入账

凭证是出纳人员记账的依据，只有保证凭证的正确性，才能使账簿无误。出纳人员不论是办理现金的收付款业务，还是银行存款业务都要对凭证仔细核算。会计凭证中的一个"0"，就可以使真实的账目相差很多，如租金

收入为 10000 元，而凭证上不小心写成了 100000 元，收入便多出 9 倍，所谓："差之毫厘，谬以千里"，所以出纳人员一定要认真核对原始凭证，把好记账的第一关，以防一步错，步步错，日后不仅给出纳人员的工作带来麻烦，还会影响到企业的财务决策，严重者还会给企业造成经济损失。另外，如果原始凭证上注明"代记账凭证"字样的凭证也可以作为记账依据，只是要有相关人员的签章。

2. 账簿要与会计凭证保持一致

账簿就是将会计凭证的内容记录下来，这就要求账簿的内容要与会计凭证保持一致，账簿不能随意地增减，如有错误也应向主管人员请示，核查后再进行修改，出纳人员无权随意更改账簿的内容，同时为了方便核对，出纳人员要将记账凭证的日期、编号、摘要、金额和对应科目等记录清楚。账簿中要将经济业务的内容记录清楚，不可太简略，如出租厂房取得的租金，就应写明是厂房租金收入，而不简单写为租金收入，这样会给日后的查对工作带来麻烦。

日记账登记时要坚持逐笔分行的记录原则，如现金收付款凭证不能在同一行记录，更不能将两者的差额登记其中，这样违反了会计记账的真实记录原则。待账簿记录完毕后，要认真复核，确定账簿记录无误后，在记账凭证上的"账页"一栏内打一"√"，它是"过账"符号，表示已核对无误。

3. 日记账要日清月结

日记账，顾名思义就是要天天记账，当天的账务要当天完成，不能拖延到明天登记，拖延是日记账的最大忌讳，如果出纳人员不能及时将账务记录下来，企业就不能在最短的时间内掌握资金的流动，如现金日记账就需要逐笔、序时将现金的收付业务记录下来，并结算出余额，当企业的收付业务频繁时，可能需要随时结出余额，这样便于企业掌握收支计划的进度。

4. 日记账要保持连续和完整

为了保证账簿的安全性和真实性，日记账本必须逐页逐行登记，不能跳行、隔页，更不能随便更换账页和撕去账页。日记账本是固定的订本式账簿，按规定不能随意撕账页，即使是作废的账页也不能撕去，要保持账簿的完整性，对于作废的账页要由记账人员盖章。会计年度通常为一年，在会计年度内，账页的内容有误时可以按规定进行修改，但不能私自更换账簿或重抄账页。

5. 账页上的文字和数字要保证清晰，准确无误

每个人都有自己的书写习惯，可能会有一些除了自己别人都看不懂的文字或数字，这在记录账簿时是不允许发生的。因为账簿并不是只给记账人员看，还要给会计主管、企业领导等许多人查看，所以出纳人员一定要规范地书写文字和数字，不能滥造文字，不能使用错别字，文字写要紧靠左线；数字一定要在金额栏内，不得越格错位、大小不一；文字、数字字体大小适中，适当倾斜，除了保持账页整齐外，还可以给日后改错提供方便。

6. 填写账簿时还要按规定使用钢笔

不能使用圆珠笔或铅笔，钢笔只能使用蓝色和黑色，红色在会计记账中只能是冲销错误记录及会计制度中规定使用红字登记的业务才可以使用，否则不能使用。

7. 规范换账页

账页记满时，出纳人员要按规定将账页上的数额进行合计，并结算出余额，便于了解日记账中连续记录的累计数额。换页时还要在本页最后一行和下页第一行的摘要栏中注明"过次页"和"承前页"字样。当然也可以在写完的账页的最后一行，用铅笔将发生额合计数和余额，用蓝色或黑色墨水钢笔在下页第一行写出上页的发生额合计数及余额，并在摘要栏内写上"承前页"字样，这样就不必在本页最后一行写"过次页"的发生额和余额。

8. 规范地更正账簿错误

账簿上出现错误时要按规定方法更正，不允许任何人对账簿记录随意涂改或刮、擦、挖、补，更不能使用化学药物清除字迹，现在更正账簿错误的方法主要有三种，包括划线更正、红字更正、补充登记，出纳人员要按规范更正，只有更正规范的账簿才具有法律效力，才能作为法律的有效证明资料。

【例 3-1】大洋公司 12 月 31 日有关现金收付业务如下：

（1）开出现金支票，提取现金 52000 元，凭证为银付字 123 号，会计分

录为：

  借：库存现金   52000

    贷：银行存款   52000

  （2）销售某产品 10 件，收到现金 5850 元，凭证为现收字 100 号，会计分录为：

  借：库存现金   5850

    贷：产品销售收入   5000

      应交税费——应交增值税（销项税额） 850

  （3）收到某企业租用设备租金 500 元，凭证为现收字 101 号，会计分录为：

  借：库存现金   500

    贷：其他业务收入   500

  （4）发放工资 53000 元，凭证为现付字 124 号，会计分录为：

  借：应付职工薪酬   53000

    贷：库存现金   53000

  （5）销售科领用备用金 800 元，凭证为现付字 125 号，会计分录为：

  借：其他应收款——备用金（销售科） 800

    贷：库存现金   800

  （6）出纳员赵刚赔前一天短款 100 元，凭证为现收字 102 号，会计分录为：

  借：库存现金   100

    贷：其他应收款——现金短款   100

  （7）收到某商品包装物押金 500 元，凭证为现收字 103 号，会计分录为：

  借：库存现金   500

    贷：其他应付款——包装物押金 500

  （8）收到职工李红还回的借款 500 元，凭证号为现收字 104 号，会计分录为：

  借：库存现金   500

　　　贷：其他应收款——职工借款（李红）　　　　　　　500

（9）总务科王强报销差旅费1200元，凭证为现付字126号，会计分录为：

　　　借：产品销售费用　　　　　　　　　　　　　　　1200

　　　　贷：库存现金　　　　　　　　　　　　　　　　1200

（10）向银行送存现金业务收入5510元，凭证为现付字127号，会计分录为：

　　　借：银行存款　　　　　　　　　　　　　　　　　5510

　　　　贷：库存现金　　　　　　　　　　　　　　　　5510

随堂测试

1. 现金日记账的启用方法。

2. 如何登记现金日记账？

◇ 第三堂　账簿的保管和更换

一、账簿更换

　　账簿更换是指在会计期间终了时，将本期间的账簿更换为次会计期间新账簿的工作。企业的总分类账、明细分类账及现金、银行存款日记账每年都会更换一次。

　　更换账簿时上一年余额可直接过入新账簿中，不需要编制记账凭证，也不必将余额记入本年账户的借方或贷方，只要在新账第一行的"摘要"栏中注明"上年余额"，并将余额过入"余额"栏中即可。在将上年的余额过入新账时，还需要编制会计分录，出纳人员不要忽略此步骤。

　　账簿在更换新账后除跨年使用的账簿外，其他账簿应按时整理归入会计档案保管。归档前应做好以下几项工作：

　　（1）账簿装订前的工作。账簿装订前需要将账簿的细节认真检查一遍，确定无误后才可将其装订，需要检查账簿启用表的页数、账页、序号是否齐全、连续，检查工作完成后，再将会计账簿封面、账簿启用表、账户目录排序整理，按顺序排列。

（2）活页账簿装订要求。活页账簿装订前要将账页按序排列整齐，不同的账目不能混淆，多栏式、三栏式及数量金额式活页账要按类分开，不可混装。活页账还要编写好科目目录、页码，用线绳系死，保证活页账不易散乱。排列好的活页账还要贴上封皮，在封皮上写明账簿的种类、企业、时间，由会计主管人员、装订人或经办人签章后即可装订。

对于业务量较小的公司，账簿不用贴口取纸，而业务繁忙的大公司则需要在账簿上贴口取纸，可以按科目分类将账页由前到后粘贴，口取纸可以使出纳人员及时找到所需账簿。

（3）账簿装订后的其他要求。出纳人员在装订后，要认真检查账簿是否合乎要求，要做到账簿平整、不缺角、错页、掉页、不加空白纸，账簿还要做到封面齐全、平整，编号连续无误，编号顺序为总账、现金日记账、银行存款日记账、分类明细账，如果有误要向有关人员说明并及时更正。

①不得随意将账簿丢失，必须按规定保管会计账簿。

②调用旧账时要严格办理相应的调用手续。账簿归档后，一般是不能轻易借出，出纳人员如果因工作需要，借用归档账簿时，要经过企业领导、会计主管人员的签字批准后才可以借出，不得擅自借用。借用归档账簿要遵循不涂画、拆封和抽换的原则，同时还要求记录借用账簿的名称、期限、借用时间等。

③账簿保管期满后，要按程序销毁。前面我们已讲过账簿的保管有一定的期限，账簿期满后要进行销毁处理。出纳人员对账簿销毁时，首先要向本企业档案机构和会计机构提出销毁申请，并将编制妥当的账簿档案清册，包括档案的名称、卷号、册数、起止年度和档案编号向有关人员提交审核，企业负责人审核无误后要在清册上签字盖章。销毁账簿时，企业需要派人参加监毁，监毁人员要核查清册上的内容，并清点监毁清册数目，账簿销毁后，要向企业负责人汇报销毁工作。

④会计电算化档案需要加强保存和管理。会计电算化的广泛应用，给账簿管理带来了新内容，会计电算化档案的特点决定了它的管理与传统账簿的

管理会有所不同。会计电算化档案包含了大量的账簿信息，包括记账凭证、会计账簿、会计、会计报表及会计电算化系统中的所有系统软件、会计软件程序和其全套文档资料。这就要求出纳人员加强对电算化档案的保存和管理。

⑤加强磁介质管理。会计电算化档案容易受到温度、湿度及磁场等因素的影响，所以在选择会计档案的介质时，要选择质量高、可靠性强的储存介质，这与手工账簿受纸张的影响是一样的要求。存档介质要放在干燥、清洁、防磁的环境中，同时要写上保护的字样。介质经过长时间的存放可能会丢失一些资料，这就要求出纳人员定期对存放的介质复制一次，3 个月、6 个月或者 1 年，可以复制两份，放在不同的位置，这样更有保证。硬盘上的会计档案要定期备份到软盘或光盘上。

二、账簿的管理措施

会计电算化资料与手工账簿一样，都需要按规定立卷保管。会计电算化档案管理期限与手工账簿的管理期限相同，都是按照《会计档案管理办法》（1998 ［财会字］ 132 号）进行管理，出纳人员要与其他部门加强管理，确认会计档案的内容后，采取严格的管理措施。

（1）会计电算化档案与手工账本相比，管理起来难度更大，因为手工账本不能轻易修改，修改会留有痕迹，而电算化档案则不同，修改后仍然不会有痕迹，现实财务活动中就曾发生过会计人员修改电算化档案而给企业造成巨大损失的事情。这就要求企业与会计机构加强对会计电算化档案的管理，对硬盘上的会计档案，采用设置密码、用户识别等方法来防止他人修改电算化档案。一些企业还采用了操作日志管理的方法，即操作人员对其改动后，可以留下记录，为日后核查留下线索。

（2）一些企业使用自行设计的会计软件，这种软件更适合企业的需求，但也给会计电算化档案埋下了隐患，会计人员必须加强对这些软件的文档管理。一个软件系统由于操作者的主客观原因会产生一些问题，这就要求会计人员要保存完整的软件文档，因为一些文件一旦丢失后，系统很难自动恢复。

随堂测试

1. 如何更换账簿。
2. 如何保管电算化档案。

下 午　账簿无错一身清

◇ 第一堂　更正账簿错误的方法

一、出纳人员常见的账簿错误

出纳人员每日与数字打交道，难免会因疲劳或大意而在工作上出现错误，一些新人也会因为对业务不熟练而出现一些失误，这些失误必须是出纳人员的非故意过失。

出纳人员主要的错误出现在现金的收付和记账两个环节上，下面我们就来分析一下这两个方面的差错表现和预防方法。

现金收、付款中常见的差错：

（1）数额看错。出纳人员在工作繁忙时需要查看上百张凭证，由于劳累或其他原因就会出现将金额看错的事情，如将100000看成1000000，或者69看成96。

（2）有时出纳人员由于时间紧急没有认真查凭证而出现金额大小不一，如收款凭证上是1988元，而付款凭证则是1978元，出纳人员没有看、核对清楚便入账。

（3）凭证总额计算错误，有时出纳人员由于在选择计算公式、计算方法或计量单位上出现失误，而导致总额的数目不准确。

（4）按照规定出纳人员必须及时将核对无误的凭证信息录入日记账，但是一些出纳人员为图方便，常常会将凭证放几天再集中录入，这样很容易造成会计凭证丢失，就会使账簿无法记录发生的业务内容。

（5）一些企业会与外国人进行贸易往来，出纳人员也会接触多种币种，如果出纳人员不将这些币种分类放置，就会出现币种间换算失误，而造成错收错付。

（6）出纳人员交接工作时没有将手续办理清楚或业务没有交接清楚，也会使工作出现差错。

为了避免出现上面的错误，出纳人员应该提高业务的熟练程度，还应增强工作的责任心，严格按照规章制度办事，对于容易出现错误的地方要提高警惕，尽最大努力减少这些失误，只要出纳人员尽职尽责，这些失误是完全可以避免的，河北邯郸市永年县某银行就连续 10 年没有出现会计和出纳错误，这与他们的尽责是分不开的。

二、错账查找与更正

出纳账簿的错误主要有漏记、重记和错记三种。错记又表现为会计科目错记、记账方向错记、金额错记等。错用了记账墨水（蓝黑墨水误用红水，或红水误用蓝黑墨水）也属于账簿错记。

1. 错账查找

（1）使用顺向法查找重记或漏记账户。重记或漏记是因为出纳人员在登记账簿时，将记账凭证的双方重复记录或疏漏应记信息。要改错就需先找到错误。对于重记和漏记的最好方法就是采用顺向法查找，先查找总账，账户中的记录金额分别与总账核对，这样先找到有误的账页，然后再查看有误的账页，如果账页中的数字比总账的数额大，则说明此账目出现了漏记，如果账户中的数额比总账的数额小，则表示此账户出现了漏记。

（2）除法查找反向账户。如将借方的金额记在了贷方，贷方的金额记在了借方，导致借贷双方出现了差额，借贷不相等，此时就要采用除法查找反向账户的方法来解决。如借方 10000 元，记为贷方 10000 元；贷方 5000 元，记为借方 5000 元，这样两者就会出现一个差数，为 5000 元，贷方比借方多了 5000 元，再用 2 除以这个差数所得的数就是记错方向的数字。

（3）单纯笔误的查找方法。

①数字错位的查找方法。出纳人员有时会将数字的倍数记错，如 1000 元，记在了 10000 元的位置，如果记错的金额用 9 整除，所得商便是记错位的数字。这样就可以在账户内查找此数，同时将商放大 10 倍或缩小 10 倍。

②数字颠倒的查找方法。账簿中数字颠倒也是出纳人员常犯的错误，数字颠倒指数字前后两个数字的位置颠倒。如把 23 写成 32，必然是错数 9（32-23）成为颠倒了两位数的差额，用此数除以"9"，商为"1"，"1"便是颠倒的两位数字的差额。

③写错或写掉角、分尾数的查找方法。对于完全将账簿记录或数字掉角、忘记分尾数的错误，还没有更好的方法更正，只能与原始凭证核对。

2. 错账更正

出纳人员在登记现金、银行存款日记账时，会因为记账凭证的错误导致账簿的记录错误，如果发现账簿记录有错误，出纳人员应按规定方法予以及时更正。

（1）划线更正法。划线更正法指用红色横线将错误的文字或数字注销，这种方法只适用于账簿没有结账前。出纳人员可以在错误的文字或数字上划上一条横线，只要一条就可以，不必反复涂画，要保持原有文字依然清晰可辨。划线时，要将错误信息的一栏都划掉，而不应只划掉错误的个别字，划线后在横线的上方可以使用蓝字或黑字写下正确的信息，同时更正的地方要加盖更正人员的印章，这样可以明确责任。

（2）红字更正法。红字更正法指用红色字体更正错误的信息，一般用在"结账"后的账户中。出纳人员在根据收付凭证记账后，发现凭证中有一些错误，如借方和贷方的会计科目填写错误或账目的方向有误，但是账簿中并没有出现金额错误，就可以采用红字更正法。更正时，出纳人员需要用红笔填写一张与错误内容相同的记账凭证，在摘要栏内注明"冲销×月×日的×凭证的错误"；同时再用蓝色或黑色钢笔填写一张正确的记账凭证，在摘要栏内注明"订正×月×日的×凭证"；核对无误后根据记账凭证登记入账。

【例3-2】某公司购入金属材料 20000 元，使用银行存款支付编制付款凭证，并根据付款凭证登记入账。

错误的原始凭证编制会计分录为：

借：管理费用   20000

    贷：银行存款   20000

更正时，先用红色钢笔填写一张与原付款凭证一样的付款凭证，并以此登记入账，以冲销原有的账簿记录。

借：管理费用   20000

    贷：银行存款   20000

之后再使用蓝色或黑色钢笔填写一张正确的付款凭证。

借：原材料   20000

    贷：银行存款   20000

根据上述正确的会计凭证登记入账，原有的错误即可得到更正。

红字更正法不仅应用于会计科目有误，有时即使会计科目没有错误，填写的金额大于实际金额时，也可以采用红字更正法，只要用红字填制一张记账凭证，将正确数字与错误数字的差额记入凭证上，再记入账簿就可以冲销多记的额度，同时还要在账簿摘要栏注明"注销×年×月×号凭证多记金额"。

【例3-3】采用商业汇票结算方式，收到购货方开出并承兑的商业汇票 20000 元，作为销售实现。在填制记账凭证时，将金额 10000 元误记 200000 元，多记了 190000 元，并已入账。其误记会计分录为：

借：应收票据   200000

    贷：商品销售收入   100000

为了更正有关账户多记的 190000 元，就应用红字金额填制一张记账凭证。其分录如下：

借：应收票据   190000

    贷：商品销售收入   190000

根据此记账凭证登记入账后，使"应收票据"和"商品销售收入"两科目原来的错误记录都得到了更正。

（3）补充登记法。记账时出纳人员不仅会出现将金额填制过大，还会出现填写金额小于实际金额的情况，这时可以采用补充登记法。补充登记法就是将记账凭证中少写的金额用蓝字填写一张记账凭证并在摘要栏注明"补充×年×月×日×号凭证少记金额"。

【例3-4】 通过开户银行收到某购货企业偿还的前欠货款9600元，在填制记账凭证时，将金额误记为6900元，少记了2700元，并已登记入账。更正时，应将少记的2700元用蓝字填制一张记账凭证，并登记入账。其补充更正分录是：

借：银行存款　　　　　　　　　　　　　　　　2700
　　贷：应收账款　　　　　　　　　　　　　　　2700

根据此记账凭证登记入账后，便可以纠正"银行存款"和"应收账款"两个会计科目的错误。

通过上面的学习我们已经对错账的更正方法有了一定的了解，在这里我们还是要提醒出纳人员，这三种方法适合于不同的错账，不能将其混淆。红字更正法和补充登记法只适用因记账凭证有误才使得账簿出错的情况，如果记账凭证无误，只是登记账簿时出现错误，就应该采用红线更正法，因为凭证无误，可能就会出现明细账有误而总账无误的情况，此时如果采用红字更正法或补充登记法，就会使得总账也发生变动，把原来正确的数目修改为错误的数目。所以，出纳人员在更正账簿错误时要谨慎选用更正方法。

随堂测试

1. 出纳常见的账簿错误。

2. 更正账簿错误的方法。

◇ 第二堂 出纳报告的填制

一、出纳报告的基本格式

出纳报告是出纳人员根据现金日记账、银行存款日记账、有价证券明细账、银行对账单等核算资料编制的报告。出纳报告是出纳人员工作的成果，合理的出纳报告可以为企业管理者提供经营决策，因此出纳人员要真实、全面、准确地编制出纳报告。下面我们来介绍一下出纳报告的填制。

1. 出纳报告的编制

（1）出纳报告是要反映现金的收、付情况，出纳报告的编制有一定的期限，并不是每日都需要编制，而是根据会计总账汇总的记账周期来决定。如果企业的总账 15 天进行一次汇总，则出纳报告就需要 15 天编制一次。

（2）搞清上期结存数的概念，在出纳报告中上期结存数是指报告期前一期期末的结存数，也就是本期报告期前一天的账面结存数。

（3）出纳报告的本期收入指账簿上的本期合计借方数字。

（4）合计是上期结存加上本期收入所得数额。

（5）本期支出指账簿的本期合计贷方数字。

（6）本期结存是指"合计数字"减去"本期支出"所得数额。填写本期结存时一定要与账面实际结存数额一致。

2. 银行存款余额调节表的编制

银行存款余额调节表又称"银行存款余额调整表"，此表用来调节企业账面额与银行存款额不一致的情况。实际财务工作中，企业与银行存款的记账因为凭证周期传递时间不同而造成一方出现"未达账项"，这时就需要编制银行存款调节表来保证双方的账目相同。

【例 3-5】小康食品厂 5 月 30 日银行存款日记账上存款余额为 5200 元，工商银行送来的对账单上的余额为 5700 元，经逐笔核对，发现有以下情况：

（1）5 月 12 日小康食品厂收到转账支票一张 900 元，已入账，银行尚未入账。

（2）5月15日小康食品厂开出转账支票一张800元，已入账，持票人未到银行办理转账手续，银行未入账。

（3）5月20日银行代收货款800元，已入账，××食品厂未收到银行的收款通知，未入账。

（4）5月29日银行代付的水电费200元，已入账，××食品厂未收到银行的付款通知，未入账。

根据上述情况，小康食品厂可编制"银行存款余额调节表"，如表3-8所示。

表3-8 　　　　　　　　　　银行存款余额调节表

填报企业：小康食品厂　　　　　　　　　　　　　　　　　　单位：元

币种：人民币		开户银行名称：中国工商银行		账号：12345678900000
项　目	金　额	未达账项在资产负债表日后企业、银行入账情况		
企业账面余额	500			
加：一、银行已收、企业未收		日　期	企业凭证号	对应科目
1.	800	5月20日		销售货款
二、企业已付，银行未付		日　期	银行账单号	金　额
1.	800	5月15日		800
加项合计	1600			
减：一、银行已付、企业未付		日　期	企业凭证号	对应科目
1.	200	5月29日		生产成本
二、企业已收，银行未收		日　期	银行账单号	金　额
1.	900	5月12日		900
减项合计	1100			
调节后余额	500		银行对账单余额：500	

会计机构负责人：×××　　　　经办会计：×××　　　　出纳：×××

调节后的余额，并不能作为小康食品厂的账面余额，也不能作为月末工商银行的账面余额，这是双方的未达账项，这个数字是月末银行存款的真实数字。企业不能将银行已经入账而企业尚未入账的各项经济业务作为记账凭证，必须要等到账目实际到达时，才可入账。

随堂测试

1. 出纳报告如何填制。

2. 出纳如何汇制余额调节表?

周四 破解现金管理的密码

上午 揭开现金管理的面纱

◇ 第一堂 现金基本知识和细节

一、现金的基本知识

(一) 现金的概念

在我国会计范畴内的现金与库存现金的概念相同，指存放在企业并由出纳人员保管的现钞，包括库存人民币和各种外币。它是企业中流动性较强的资产，由企业自由支配，主要用来购买所需物资、零星支出及偿还债务等。广义现金还包括库存现款和视同现金的各种银行存款、流通证券等。我国主要使用狭义的现金概念，按照当前我国现金管理制度，现金的主要使用范围如下：

(1) 支付职工个人的工资、奖金、津贴。

(2) 支付职工的抚恤金、丧葬补助费以及各种劳保、福利，国家规定的对个人的其他支出。

(3) 支付个人劳务报酬。

（4）根据国家规定发给个人的科学技术、文化艺术、体育等各种奖金。

（5）支付向个人收购农副产品和其他物资的价款。

（6）出差人员必须随身携带的差旅费。

（7）结算起点（1000 元）以下的零星支出。

（8）经中国人民银行确定需要支付现金的其他支出。

（二）现金管理的"八不准"

按照《现金管理暂行条例》及其实施细则的规定，企业、事业单位和机关、团体、部队现金管理应遵守"八不准"。这八不准是：

（1）不准用不符合财务制度的凭证顶替库存现金。

（2）不准企业之间相互借用现金。

（3）不准谎报用途套取现金。

（4）不准利用银行账户代其他企业和个人存入或支取现金。

（5）不准将企业收入的现金以个人名义存入储蓄。

（6）不准保留账外公款（即小金库）。

（7）不准发行变相货币。

（8）不准以任何票券代替人民币在市场上流通。

开户企业如有违反现金管理"八不准"的任何一种情况，开户银行可按照《现金管理暂行条例》的规定，有权责令其停止违法活动，并根据情节轻重给予警告或罚款。

（三）现金日清月结制度

日清月结指出纳人员办理现金出纳业务，必须做到按日清理，按月结账。日清月结是出纳人员办理现金业务的基本要求，日清指出纳人员要对当日的现金业务处理完毕，全部登记日记账，并计算出库存现金的余额，并对库存现金进行盘点核对。

日清月结的主要内容为：

（1）核查当日现金收付凭证，检查凭证的内容是否有误。出纳人员填写收付款凭证时要与原始凭证相一致，如果发现错误，应仔细核查，同时凭证上要加盖"收讫"、"付讫"的戳记。

（2）登记和核查日记账。出纳人员将凭证核查无误后，需要将凭证上的内容记入账簿，账簿的内容要与收付款凭证的内容一致，出纳人员应就此认真核查。核查无误后，根据日记账的账面额计算出余额。

（3）盘点现金。实际工作中出纳人员难免会出现长款或短款的现象，长款指现金数大于账存数，短款指实存数小于账面余额。这就需要出纳人员当日盘点现金，对于记账错误或单据丢失而导致长款的情况，出纳人员应及时更正错账或补办手续。对于少付他人的款项查明后应及时退还，不能退还的，出纳人员要经领导审批才能作为企业的收益。如果因出纳人员的粗心而导致的短款情况，应由过失人承担责任。

◆ 盘点现金是为了保证账面额与实际现金额相同，对于错误的账目，出纳人员应通过"待处理财产损溢——待处理流动资产损溢"科目核算。

【例 4-1】出纳人员在盘点现金时发现现金多出 1000 元。

借：库存现金	1000
贷：待处理财产损溢——待处理流动资产损溢	1000

出纳人员盘点现金时发现现金短缺 1000 元。

借：待处理财产损溢——待处理流动资产损溢	1000
贷：库存现金	1000

如果现金溢余的 1000 元中：500 元是出纳少付给王某的借支款，其他 500 元无法查明原因。

借：待处理财产损溢——待处理流动资产损溢	1000
贷：其他应付款——应付现金溢余（王某）	500
营业外收入	500

如果现金短缺的 1000 元中：200 元应由出纳赔偿，300 元应由保险公司赔偿，还有 500 元无法查明原因。

借：其他应收款——应收现金短缺款（×出纳）	200
——应收保险赔偿	300
管理费用	500
贷：待处理财产损溢——待处理流动资产损溢	1000

（4）核查库存现金限额是否在规定的范围。库存现金额应在企业的限额内，如果超过限额，出纳人员应将超额部分送往银行存款，如果库存现金小于库存限额，出纳人员也应及时补充现金，保障企业的库存现金符合企业的规定。

库存现金限额指为保证各企业日常零星支付按规定允许留存的现金的最高数额。各企业的库存现金的限额由各企业的日常开支决定，其限额一般按照企业 3~5 天日常零星开支所需的现金来确定，对于存取款不方便的企业可以适当增加库存额，最高为 15 天。此是为保证企业资金安全及加强对企业资金的监督管理。

库存现金限额的计算方式一般是：

库存现金=前一个月的平均每天支付的数额（不含每月平均工资数额）× 限定天数

企业核算库存金额需向银行提出申请，不论是否在银行开设账户，都需要核定库存现金。

出纳人员办理库存现金限额时需要向银行提出申请，填写现金库存限额申请批准书。填写内容审核无误后，上交给开户银行由银行审核。

核定库存现金限额是现金管理的一项重要制度。办理库存现金限额的一般程序为：首先，填制现金库存限额申请批准书，格式如表 4-1 所示；然后，报送开户银行签署审查批准意见和核定数额。

【例 4-2】雅丰化肥厂向银行申请库存现金限额。预计每年支付差旅费120000 元，每年预计零星采购支付现金 48000 元，其他资金支付为 36000 元，核定保留天数为 5 天，填写"现金库存限额申请批准书"如表 4-1 所示。

企业库存金额经过银行批准后，出纳人员应当严格遵守，每日现金额不能超过规定的限额。库存金额不足可以向银行提取现金，不允许在未经开户银行准许的情况下坐支现金。

坐支现金指收到现金以后不送存银行，而是直接从收到的现金中开支。《现金管理暂行条例》第十一条规定，开户企业现金收支应当依照下列规定办理：开户企业支付现金，可以从本企业库存现金限额中支付或者从开户银

表 4-1　　　　　　　　　现金库存限额申请批准书

申请企业：雅丰化肥厂　　企业：工商银行建设路 123 号　　账号：1234567890000

现金支付项目	预计全年支付数	保留天数	申请金额	批准金额	备　注
差旅费	120000	5	1667	1667	
物料采购	48000	5	667	667	
其他	36000	5	500	500	
合计			2834	2834	

申请企业：（盖章）年　月　日　主管部门意见：（盖章）年　月　日　银行审查意见：（盖章）年　月　日

注：申请金额＝预计全年支付数额/360×保留天数。

行提取，不得从本企业的现金收入中直接支付（即坐支）。

◆《现金管理暂行条例实施细则》第二十条规定，未经批准坐支或者未按开户银行核定坐支额度和使用范围坐支现金的，按坐支金额的 10%~30%处罚。

企业坐支现金关系到了国家对企业经营的监督，如果收入不入账就直接作为现金支付，国家就很难对企业进行有效监督了，所以出纳人员办理现金业务时一定要遵守相关法律规定。

二、现金管理的细节

1. 配备使用保险柜

按规定出纳人员保管现金、印章及各种重要票据时不能随意放在桌面或抽屉里，必须放入保险柜。为了保护企业财产的安全，一般企业会配备保险柜并制定相应的制度，出纳人员在使用保险柜时要注意以下几点：

（1）保险柜的管理。保险柜一般由总会计师或财务处（科、股）长授权，由出纳员负责管理使用。

（2）加强保险柜钥匙管理。企业一般会给出纳人员配备一把保险柜钥匙，另一把会给主管人员保管。出纳人员平时要加强对钥匙的保管，不能私自交由他人保管，不能随意丢放钥匙。

（3）保险柜的开启。按规定保险柜只能由出纳人员开启，其他人员不得开启，出纳人员不得由他人代开。如果企业会计主管人员要核查现金额，须经主管人员批准后方可开启。

不随意放入个人物品。按规定保险柜中不得放入出纳人员的个人物品。每日工作结束时出纳人员应将空白支票（包括现金支票和转账支票）、银钱收据、印章、现金、现金日记账，其他有价证券、存折、票据等放入保险柜中。一些贵重物品还要按种类造册登记，所有财物应与账簿记录核对相符。

（4）保险柜密码。保险柜的密码是保障现金安全的重要防线，出纳人员要严格保密保险柜的密码，不得向他人泄露，防止他人对企业财产构成威胁。出纳人员调动工作时，新出纳人员要将原来的密码换掉，使用新密码。

（5）维护好保险柜。保险柜作为企业的财产，出纳人员有义务对其进行维护。保险柜应放在隐蔽、干燥之处，注意通风、防湿、防潮、防虫和防鼠；同时要保持保险柜的干净整洁。保险柜发生故障时，要到公安机关指定的维修点进行修理，以防泄密或失盗。

（6）保险柜被盗的处理。出纳人员发现保险柜被盗时，要沉着冷静，保护好现场，及时向公安机关报告。企业放假超过两天的情况下，出纳人员要在保险柜的锁孔处贴上封条。如果发现封条有撕毁的痕迹或锁孔已坏，出纳人员也应向保安部门或公安机关报告，防止他人进一步作案。

2. 空白收据的保管

空白收据即未填制的收据。空白收据填写后，就可以作为转账或现金支付的凭据，可以作为现金使用，空白收据的保管直接关系到企业的安全。因此出纳人员必须加强空白收据的保管。领用人使用收据时必须填写领用日期、企业等信息，出纳人员要建立"空白收据登记簿"，出纳人员不得将空白收据带出工作地点以外的地方，以防丢失，出纳人员也不得将收据转借或赠送他人，如果收据无效，则应加盖"作废"章。

3. 印章的保管

印章是企业或个人的证明，票据上面盖有企业或个人的印章时，就要承担相应的责任。为了保障资金的安全，一般会将支票和印章分开保管。负责保管印章的出纳人员不得随意将企业的印章带出工作地点，不可随意将印章存放在抽屉内，印章每日使用完毕后要放入保险柜，以防他人偷取，给国家和企业造成经济损失。

出纳人员离职时应将企业公章交与新出纳人员，并更换预留在银行的个人印章。

三、现金的提取程序

1. 怎样提取现金

提取现金时，需要由出纳人员填写现金支票到银行提取。这就要求出纳人员认真填写现金支票，遵守现金支票的填写规则。现金支票的填写规则如下：

（1）使用蓝色或黑色钢笔，依序填写现金支票。

（2）书写时字迹要清晰可辨。

（3）支票的签发日期只能是出票日期，不能提前也不能过后。

（4）收款人名称要与印鉴名称保持一致。

（5）按规定填写金额栏，大小写金额须按规定书写，不能更改，如有错误，必须重新填写。

（6）取款时要按支票上填写的金额当面清点现金。

2. 怎样送存现金

企业的库存金额超过与开户银行核定的库存金额时，出纳人员要将超额部分送往银行存起来。出纳人员将现金送存银行分为两个步骤，一是出纳人员清点票币，二是出纳人员填写现金解款单。清点票币时，出纳人员除了点清票币的数目外，还要将票币整理好，将面额相同的纸币按100张为一把整理好，不够一把的可以从大额到小额顺放。硬币要按50枚为一卷包起来，不足一卷的一般不送往银行。

清点完毕后，出纳人员便可以将其送存银行。出纳人员需要填写现金解款单。现金解款单一般为一式二联，第一联回单，第二联为银行的收入凭证。出纳人员要认真填写解款单，交款日期必须为交款当日。填写完毕，由银行盖章后，便完成了送存现金的程序。

随堂测试

1. 现金包括的范围。

2. 提取现金的要点。

◇ 第二堂 制造业现金收入业务的处理

一、现金收入业务的内容

现金收入业务处理是出纳人员的主要日常工作，能否处理好现金收入业务是对出纳人员的重要考验。企业的性质不同，现金收入的具体工作内容也有所不同，为了帮助出纳人员全面学习现金收入业务的处理技巧，我们将分别介绍制造业、商品流通企业及事业单位的现金收入业务的处理。

制造业现金收入主要涉及的经济业务有：材料收发业务；应收应付业务；财务成果收支业务。

商品流通企业现金收入主要涉及的经济业务有：实收资本和资本公积；商品购进、销售、储存、加工及出租；材料物资、包装物、低值易耗品；货币资金及结算款项；费用及税金；其他收入及支出。

事业单位（以大学为例）现金收入涉及的主要业务有：教育事业收入业务；其他收入业务；附属企业缴款业务；经营收入业务；专用基金收支业务；各类应收及暂付款业务；应付及暂存款业务等。

二、制造业现金收入业务的处理

【例4-3】为了使读者迅速掌握制造企业的业务处理技巧，我们假设大江制造公司6月份发生下列现金收入业务：

①6月2日，收到出租包装物的租金收入，现金1000元。作会计分录：

借：库存现金　　　　　　　　　　　　　　　　1000

　　贷：其他业务收入　　　　　　　　　　　　　　　1000

②6月11日，收到出借包装物的押金8000元现金，办理有关手续，作

会计分录：

　　借：库存现金　　　　　　　　　　　　　　　8000

　　　　贷：其他应付款　　　　　　　　　　　　8000

　　③6月13日，公司总经理助理王辉报销差旅费1200元，退回多余款500元现金，办理报销手续，作会计分录：

　　借：管理费用　　　　　　　　　　　　　　　1200

　　　　库存现金　　　　　　　　　　　　　　　500

　　　　贷：其他应收款　　　　　　　　　　　　1700

　　④6月15日，开出工资专用支票向开户行提取现金5600元备发工资，作会计分录：

　　借：库存现金　　　　　　　　　　　　　　　5600

　　　　贷：银行存款　　　　　　　　　　　　　5600

　　⑤6月18日，转让材料10件，每件450元，取得现金收入4500元，作会计分录：

　　借：库存现金　　　　　　　　　　　　　　　4500

　　　　贷：其他业务收入　　　　　　　　　　　4500

随堂测试

1. 制造业现金收入业务的办理要点。

2. 现金收入业务内容有哪些。

◇ 第三堂　商品流通企业现金收入的处理

　　【例4-4】为了使读者迅速掌握商品流通企业的业务处理技巧，假设五星商业公司2008年8月发生了下列现金收入业务：

　　①8月1日，收到出借包装物的押金4000元，办妥手续并收到押金款后，作会计分录：

　　借：库存现金　　　　　　　　　　　　　　　4000

　　　　贷：其他应付款　　　　　　　　　　　　4000

②8月3日，收到出租包装物的租金1200元，作会计分录：

借：库存现金　　　　　　　　　　　　　　　1200

　　贷：其他业务收入　　　　　　　　　　　　1200

③8月5日，修理部交来修理服务收入现金2500元，作会计分录：

借：库存现金　　　　　　　　　　　　　　　2500

　　贷：其他业务收入　　　　　　　　　　　　2500

④8月8日从银行提取现金3600元作为备用零星开支。作会计分录：

借：库存现金　　　　　　　　　　　　　　　3600

　　贷：银行存款　　　　　　　　　　　　　　3600

⑤8月10日，从银行提取现金56000元，备发工资。作会计分录：

借：库存现金　　　　　　　　　　　　　　　56000

　　贷：银行存款　　　　　　　　　　　　　　56000

⑥8月21日，取得变卖账外低值易耗品报废的残料收入2000元现金。作会计分录：

借：库存现金　　　　　　　　　　　　　　　2000

　　贷：营业外收入　　　　　　　　　　　　　2000

随堂测试

1. 商业现金收入业务的办理要点。

2. 能否独立处理商业现金收入业务。

◇ 第四堂　事业单位现金收入的处理

【例4-5】为了使读者迅速地掌握事业单位处理现金收入的技巧，下面我们假设哈瑞大学2008年9月份发生了下列现金收入业务：

①9月6日，收到学生缴纳的学费、宿费、培养费等计现金78000元。作会计分录：

借：库存现金　　　　　　　　　　　　　　　78000

　　贷：教育事业收入　　　　　　　　　　　　78000

②9 月 8 日，收到校友刘飞黄捐赠现金 50000 元。作会计分录：

借：库存现金　　　　　　　　　　　　　　50000

　　贷：其他收入——捐赠收入　　　　　　　　　50000

③9 月 12 日，收到附属幼儿园缴款，现金 26000 元。作会计分录：

借：库存现金　　　　　　　　　　　　　　26000

　　贷：附属企业缴款——幼儿园　　　　　　　　26000

④9 月 15 日，收到校内非独立核算企业经营活动收入计现金 78000 元。作会计分录：

借：库存现金　　　　　　　　　　　　　　78000

　　贷：经营收入　　　　　　　　　　　　　　78000

⑤9 月 16 日，按规定出售报废固定资产残值收入，取得现金 12000 元。作会计分录：

借：库存现金　　　　　　　　　　　　　　12000

　　贷：专用基金——修购基金　　　　　　　　　12000

⑥9 月 18 日，校内订票室撤销，收回业务备用金 1000 元。作会计分录：

借：库存现金　　　　　　　　　　　　　　1000

　　贷：应收及暂付款——订票室　　　　　　　　1000

⑦9 月 19 日，收到非教职工预交下半年幼儿园住园费用计现金 3500 元。作会计分录：

借：库存现金　　　　　　　　　　　　　　3500

　　贷：应付及暂存款　　　　　　　　　　　　　3500

⑧9 月 21 日，收到固定资产（大礼堂）出租收入计现金 4200 元。作会计分录：

借：库存现金　　　　　　　　　　　　　　4200

　　贷：其他收入　　　　　　　　　　　　　　4200

随堂测试

1. 事业单位现金收入业务的办理要点。

2. 处理事业单位现金收入业务的难点。

下 午 现金管理有绝招

◇ 第一堂 制造业现金付出业务的处理

一、现金付出业务的内容

与现金收入相同，现金付出业务的内容也因行业的不同，具体处理的方式也不同，下面我们仍将以制造业、商品流通企业及事业单位为例介绍现金付出业务的内容。

现金付出业务的内容，因行业不同而有所区别。制造业现金付出业务主要有：材料采购与加工付出现金、固定资产清理付出现金、发生其他应收款付出现金、发放工资付出现金、发生支付职工医药费用及其他福利费、支付销售费用付出现金、支付管理费用付出现金以及发生营业外支出而减少现金。

商品流通企业现金付出业务主要有：商品或农副产品采购付出现金、支付职工工资付出现金、支付经营费用（或管理费用、财务费用）付出现金、现金送存银行付出现金以及发生营业外支出付出或减少现金。

事业单位（以大学为例）现金付出涉及的主要业务有：各类支出业务；经营支出业务；专用基金支出业务；应收应付业务；使用或支付代管款项等。

二、制造业现金付出业务的处理

【例4-6】为了使读者迅速掌握制造业现金付出业务的技巧，现假设大江制造公司2008年3月份发生了下列现金付出业务：

①3月3日，行管部门购买饮水机5台，计2300元，凭购置发票报销，付给现金。作会计分录：

借：低值易耗品 2300
    贷：库存现金 2300

②3月5日，材料仓库报销委托加工材料加工费计560元，凭加工企业收款凭证付给现金。作会计分录：

借：委托加工材料 560
    贷：库存现金 560

③3月8日报销海洋牌设备，用现金支付清理费用580元，作会计分录：

借：固定资产清理设备 580
    贷：库存现金 580

④3月9日，销售部张水出差借差旅费3200元，凭借款单、付款审批单等付给现金。作会计分录：

借：其他应收款——张水 3200
    贷：库存现金 3200

⑤3月10日，以现金发放月职工工资56000元。作会计分录：

借：应付职工薪酬 56000
    贷：库存现金 56000

⑥3月11日，采购员郭洋报销医药费用1300元，审核单据无误后付给现金。作会计分录：

借：应付福利费 1300
    贷：库存现金 1300

⑦3月12日，销售部报销零星销售费用6400元，审核有关单据无误后付给现金。作会计分录：

借：产品销售费用 6400
    贷：库存现金 6400

⑧3月13日，公司办公室陈军报销市内交通费150元，审查报销单据无误后付给现金。作会计分录：

借：管理费用 150
    贷：库存现金 150

⑨3月23日，出纳会计到开户银行进账时，发现面值100元假币2张，银行予以收缴，凭有关证明单据作损失处理。作会计分录：

> 借：营业外支出   200
> 　　贷：库存现金   200

随堂测试

1. 现金付出业务的内容。

2. 处理制造业现金付出业务的要点。

◇ 第二堂　商品流通企业现金付出业务的处理

【例4-7】为了使读者迅速掌握商品流通企业现金付出业务的处理技巧，我们假设明阳公司2008年6月份发生了下列现金付出业务：

①6月3日，收购农副产品以现金2500元支付价款。作会计分录：

> 借：商品采购   2500
> 　　贷：库存现金   2500

②6月4日，按合同规定以现金发放某种农副产品预购定金3600元。作会计分录：

> 借：预付账款——各明细户   3600
> 　　贷：库存现金   3600

③6月8日，以现金42000元发放职工工资，并代扣水电费、煤气费计3000元。作会计分录：

> 借：应付职工薪酬   45000
> 　　贷：库存现金   42000
> 　　　　其他应付款   3000

④6月12日，用现金购买零星办公用品230元。作会计分录：

> 借：管理费用   230
> 　　贷：库存现金   230

⑤6月13日，出纳人员将6000元现金送存银行。作会计分录：

借：银行存款　　　　　　　　　　　　　　　　6000

　　贷：库存现金　　　　　　　　　　　　　　　　　6000

⑥6 月 15 日，支付进货运杂费用 1250 元。作会计分录：

借：经营费用　　　　　　　　　　　　　　　　1250

　　贷：库存现金　　　　　　　　　　　　　　　　　1250

⑦6 月 17 日，收到预购农副产品 2500 元，补付价款 1500 元。作会计
分录：

借：商品采购　　　　　　　　　　　　　　　　2500

　　贷：预付账款　　　　　　　　　　　　　　　　　1000

　　　　库存现金　　　　　　　　　　　　　　　　　1500

随堂测试

1. 处理商业现金付出业务的难点。

2. 处理制造业现金付出业务的要点。

◇ 第三堂　事业单位现金付出业务的处理

【例 4-8】假设哈瑞大学于 2008 年发生了以下现金付出业务：

①11 月 10 日，维修教学楼教室黑板支付现金 300 元。作会计分录：

借：教育事业支出　　　　　　　　　　　　　　300

　　贷：库存现金　　　　　　　　　　　　　　　　　300

②11 月 12 日，将现金 8000 元存入银行。作会计分录：

借：银行存款　　　　　　　　　　　　　　　　8000

　　贷：库存现金　　　　　　　　　　　　　　　　　8000

③11 月 14 日，用现金支付科研成果评审费 6500 元。作会计分录：

借：科研事业支出　　　　　　　　　　　　　　6500

　　贷：库存现金　　　　　　　　　　　　　　　　　6500

④11 月 16 日，用现金支付幼儿园零星玩具购置费 3200 元。作会计分录：

借：经营支出　　　　　　　　　　　　　　　　3200

| | 贷：库存现金 | 3200 |

⑤11月18日，设备科购置电脑10台，共计52000元，使用现金支付设备已验收入账。作会计分录：

| | 借：专用基金 | 52000 |
| | 贷：库存现金 | 52000 |

同时，作会计分录：

| | 借：固定资产 | 52000 |
| | 贷：专用基金 | 52000 |

⑥11月25日，发放学生奖贷基金计90000元，以现金发放。作会计分录：

| | 借：专用基金——学生奖贷基金 | 90000 |
| | 贷：库存现金 | 90000 |

⑦11月26日，以现金发放职工工资1600000元，未考虑各种代扣款项。作会计分录：

| | 借：教育事业支出 | 1600000 |
| | 贷：库存现金 | 1600000 |

⑧11月27日，某教师出差借款1300元以现金付给。作会计分录：

| | 借：应收及暂付款 | 1300 |
| | 贷：库存现金 | 1300 |

⑨学生处张济出差公毕，报销差旅费计3560元，原借支3000元，补付现金560元。作会计分录：

	借：教育事业支出	3560
	贷：应收及暂付款——张济	3000
	库存现金	560

⑩11月27日，用现金退还学生的各项押金款计20000元。作会计分录：

| | 借：应付及暂存款——押金 | 20000 |
| | 贷：库存现金 | 20000 |

⑪11月28日，组织部提取代管款1700元，以现金付给。作会计分录：

| | 借：代管款项——代管党费 | 1700 |

  贷：库存现金   1700

⑫11 月 29 日，将现金 9600 元存入银行。作会计分录（此笔业务只填现金付款凭证，不填银行存款收款凭证）：

  借：银行存款   9600

   贷：库存现金   9600

⑬11 月 30 日，将现金 8500 元送存银行。作会计分录：

  借：银行存款   8500

   贷：库存现金   8500

随堂测试

1. 处理事业单位付出业务的难点。

2. 处理事业单位现金付出业务的要点。

周五 攻克银行存款的难题

上午 存款管理有诀窍

◇ 第一堂 银行存款概述

一、银行存款的概念及种类

银行现在已成为企事业单位的财务管家，企事业单位的许多业务是通过银行直接办理的。要想成为一个出色的出纳，就需要掌握银行存款收付业务的核算。

银行存款是指企业、机关、事业单位存放在银行或者其他金融机构的货币资金。银行存款有多种分类，按存取时间分为活期存款和定期存款。

活期存款支取方便，可随存随取，利息较低；定期存款需要存款人约定存取时间，利息比活期存款高。

银行存款按其所用银行账户不同，分为基本账户银行存款、专用账户银行存款、临时账户银行存款。基本账户银行存款是企事业单位办理转账及现金业务的账户；专用账户银行存款是企事业单位根据企业业务需求而特定的账户；临时存款账户是指企业因临时生产经营活动的需要而开立的账户，本账户既可以办理转账结算,又可以根据现金管理规定存取现金。

出纳人员办理银行收付款业务的基本要求:

(1) 出纳人员在日常银行收付核算中要保证收付款款项的合法性、合理性和准确性。

(2) 银行存款业务发生后,出纳人员要及时登记银行存款日记账且每日结算出余额,这样可以尽快掌握银行存款的结存情况。

(3) 出纳人员还要负责将企业收入的银行票据到银行解存,业务办理过程中发现票据有问题时应向主管人员汇报,并查明原因。

(4) 出纳人员不能擅自办理银行支付业务,需经主管人员批准。

(5) 出纳人员根据企业的业务需求,选择合适的收付款结算方式,保证收付业务的办理效率。

(6) 出纳人员有义务积极催讨,保证组织的资金周转灵活。

(7) 为了保证银行收付款业务的正确性,出纳人员还要经常与银行对账,发现问题及时解决。

二、账户名称的变更、迁移、合并与撤销

1. 账户名称的变更

出纳人员办理企业账户名称的变更时,应向银行提交主管部门的正式函件,如果是企业或个体工商户还应向银行提交营业执照。经银行调查批准后,才能变更账户名称或开立新的账户。

出纳人员更换企业财务用章或会计出纳人员的印章时,需要向银行如实填写更换印鉴申请书,并向银行提供一定的证明,如某出纳人员离职证明等。经过银行审查通过后,出纳人员只需重新填写印鉴卡片并注销原预留的印鉴卡片即可。

2. 账户的迁移

当企业的办公地点或经营场所迁移后,出纳人员需到银行办理迁移账户手续。

如果企业办公地点或经营场所没有变换城市,出纳人员只要到银行出具

迁出银行的证明就可以办理新的账户；如果企业的办公地点或经营场所已搬到新的城市，可以保留原有账户一个月，按规定，原账户要在一个月内将业务结清。

3. 账户的合并、撤销

办理销户手续时，出纳人员要向银行提出合并或撤销账户申请，经开户行审核同意后，出纳人员要向银行交回各种重要的空白凭证，按规定销户后，申请企业未交的重要空白凭证产生的一切责任由销户企业全部承担。

出纳人员对企业闲置账户要及时办理销户。如果企业账户连续一年没有发生收付活动，银行会通知企业办理销户手续，如果出纳人员没有及时办理销户，银行则会视为自愿销户，账户内的余额会作为银行的收益处理，因此，为了减少企业的收益减少，出纳人员要及时办理销户。

三、银行存款收付业务处理的基本程序

银行存款收付业务办理主要包括三个基本程序：审核结算凭证、编制收付款记账凭证、登记银行存款日记账。

1. 银行存款收入业务处理的基本程序

企事业单位因为经济业务的内容不同，所选用的结算方式也不同，接受的银行存款收入结算凭证也会不同。出纳人员无论接受哪种凭证，首先都应认真审核所选结算方式的规定及双方的合同规定，然后再审核收款企业、账号是否正确；付款企业与本企业的经济往来业务是否正确；付款方的款项是否合法及应付金额与实付金额的数目是否一致，如果金额数目有误，应及时查明。在收款业务中出纳人员有可能会收到失效结算凭证，这就要求出纳人员办理收款业务时要认真审核凭证的效用性，如果凭证无效，应及时向主管人员汇报，以免给企业造成经济损失。

2. 编制收款记账凭证

编制收款记账凭证主要是会计人员的工作，这里就不再赘述。会计人员编制完收款记账凭证后，出纳人员要根据会计人员编制的收款记账凭证登记日记账。记账时，出纳人员要审核记账凭证和原始凭证，发现问题时要及时

更正。

银行存款付款业务处理的基本程序为：

填制（或接受）和审核银行存款付出结算凭证。

企业、机关、事业单位的银行存款付出结算凭证，有的由开户银行转来，有的由付款企业签发填制。对于开户银行转来的付款通知凭证，应对收付款企业及账号、付款内容及金额、结算凭证的时效等内容进行全面审核。对于付款企业填制（签发）的结算凭证，要求认真、如实、工整地填写并进行复核，避免差错的发生。

3. 编制付款记账凭证

银行存款付款结算凭证经审核无误后，出纳人员有时还需要填制"申请付款凭单"、"费用报销审批单"等原始凭证，使结算凭证与其配套。"申请付款凭单"和"费用报销审批单"的格式如表5-1、表5-2所示。

表5-1   申请付款凭单
年 月 日

收款企业				金额（大写）			
经办人			付款银行		支票号码		
付款方式	现金	支票	汇票	本票	电汇	信汇	
用途							
领导审批							

会计主管：   出纳：

4. 登记银行存款日记账

出纳人员登记日记账时与收款的要求一样，要认真审核记账凭证和原始凭证，要保证两者的一致性和正确性。

表 5-2　　　　　　　　　费用报销审批单

部门：　　　　　　　　　　年 月 日　　　　　　　单据及附件共　张

用　途	金　额	事由	
		原贷款　元	应退余款　元
合计	小写	大写	
领导审批			

会计主管：　　　　复核：　　　　报销人：　　　　领款人：

随堂测试

1. 银行存款的内容。

2. 处理制造业银行收入业务的要点。

◇ 第二堂　制造业银行存款收入业务的处理

一、银行存款收入业务的种类

银行存款收入业务因经济主体、经济业务的不同而有很多种选择，这就决定了为其服务的银行存款收入业务的内容也不尽相同，与前面所讲的现金业务的内容相同，这里我们仍将从制造业、商品流通企业、事业单位分别介绍银行存款的收入业务办理的方法。

制造业银行存款收入所涉及的业务种类主要有：包装物出租、出借业务；对外投资业务；固定资产清理业务；应收应付业务；借款业务；财务成果各项收入业务；外币业务等。

商品流通企业银行存款收入所涉及的业务种类主要有：接受投资业务；接受捐赠业务；借入款项业务（包括借款和发行债券）；商品销售业务；出

租商品业务；对外出租、出借包装物以及出售材料物资业务；货币资金及结算款项业务；对外投资业务；固定资产清理业务；利息收入及汇总损益收入、其他业务收入等。

事业单位（以高等学校为例）银行存款收入所涉及的业务种类主要有：教育、科研、其他经费拨款业务；上级补助收入业务；教育事业收入业务；科研事业收入业务；其他收入业务；附属企业缴款业务；经营收入业务；专用基金收入业务；结算各类应收及暂付款业务；应收票据业务；借入款业务；借出款业务；代管款业务；对外投资业务等。

二、制造业银行存款收入业务的处理

【例5-1】为了使出纳人员尽快掌握制造业银行存款收入业务的办理，现在假设大江制造公司4月份发生了下列银行存款收入业务：

①4月2日，大江公司收到大山公司签发的一张转账支票9850元，其中包装物租金5850元，包装物押金计4000元。作会计分录：

借：银行存款　　　　　　　　　　　　　　　9850
　　贷：其他业务收入　　　　　　　　　　　　5850
　　　　其他应付款——大山公司　　　　　　　4000

②4月3日，接到开户行收款通知，应收明太公司股利5600元已收妥入账。作会计分录：

借：银行存款　　　　　　　　　　　　　　　5600
　　贷：应收股利（或其他应收款）　　　　　　5600

③4月5日，出售A种短期投资股票2000股，其成本为20000元，实际出售收款24000元已存入银行。作会计分录：

借：银行存款　　　　　　　　　　　　　　　24000
　　贷：短期投资——A股票　　　　　　　　　20000
　　　　投资收益　　　　　　　　　　　　　　4000

④4月7日，短期投资B种债券到期，实际收到的本息46200元，已存入银行，B种债券的购买实际成本为40000元。作会计分录：

借：银行存款   46200

    贷：短期投资——B 种债券   40000

       投资收益   6200

⑤4 月 9 日，收到汇金公司发放的股利 6350 元存入银行，若采用成本法记账，作会计分录：

借：银行存款   6350

    贷：投资收益   6350

⑥长期投资 C 种债券到期，债券面值 46000 元，已计利息 4500 元，未计利息 1500 元，共计本息 52000 元。作会计分录：

借：银行存款   52000

    贷：长期投资——债券投资——面值   46000

       长期投资——债券投资——应计利息   4500

       投资收益   1500

⑦4 月 15 日，大江公司收回对金鑫公司的其他投资，长期投资——其他投资账面额为 50000 元，收回投资设备一台价值 26000 元，累计折旧 16000 元，同时收回现款计 58700 元，已存入银行。作会计分录：

借：银行存款   58700

    固定资产   26000

    贷：长期投资——其他投资   50000

       累计折旧   16000

       投资收益   18700

⑧4 月 16 日，收到出售报废车辆变价收入 3210 元存入银行。作会计分录：

借：银行存款   3210

    贷：固定资产管理   3210

⑨4 月 19 日，上月转入固定资产清理的事故毁坏大卡车一辆，收领到保险公司赔偿款 5600 元已存入银行。作会计分录：

借：银行存款   5600

　　　　贷：固定资产清理　　　　　　　　　　　　　　　　5600

　　⑩4 月 21 日，大江公司向外转让已入账的一项无形资产，收到转让收入
7560 元，作会计分录：

　　　　借：银行存款　　　　　　　　　　　　　　　　　7560

　　　　　　贷：其他业务收入　　　　　　　　　　　　　　7560

　　⑪4 月 22 日，收到银行收款通知，恒鑫公司所欠货款 6900 元已汇入开
户行入账。作会计分录：

　　　　借：银行存款　　　　　　　　　　　　　　　　　6900

　　　　　　贷：应收账款　　　　　　　　　　　　　　　　6900

　　⑫4 月 25 日，收到华济公司退回多付的预付货款 7000 元，凭银行收款
通知作会计分录：

　　　　借：银行存款　　　　　　　　　　　　　　　　　7000

　　　　　　贷：预付货款华济公司　　　　　　　　　　　　7000

　　⑬4 月 26 日，大山公司签发的一张转账支票计 4000 元，系退回的包装
物押金。作会计分录：

　　　　借：银行存款　　　　　　　　　　　　　　　　　4000

　　　　　　贷：其他应收账款——包装物押金　　　　　　　4000

　　⑭4 月 27 日，收到明月公司预付货款 8400 元。作会计分录：

　　　　借：银行存款　　　　　　　　　　　　　　　　　8400

　　　　　　贷：预收账款——明月公司　　　　　　　　　　8400

　　⑮4 月 28 日，取得银行短期借款 70000 元已转入存款户。作会计分录：

　　　　借：银行存款　　　　　　　　　　　　　　　　70000

　　　　　　贷：短期借款　　　　　　　　　　　　　　　70000

　　⑯4 月 29 日，取得长期银行借款 50 万元已转入存款户。作会计分录：

　　　　借：银行存款　　　　　　　　　　　　　　　　500000

　　　　　　贷：长期借款　　　　　　　　　　　　　　　500000

　　⑰4 月 30 日，经批准，溢价发行两年期企业债券面值 230000 元，年利
率 10%，溢价发行收入 276000 元存入银行。作会计分录：

借：银行存款　　　　　　　　　　　　276000

　　贷：应付债券——面值　　　　　　　　230000

　　　　应付债券——溢价　　　　　　　　46000

随堂测试

1. 商品流通业银行存款业务办理的难点。

2. 商品流通业银行存款业务办理的要点。

◇ 第三堂　商品流通企业银行存款收入业务的处理

【例5-2】为了使出纳人员更快掌握商品流通企业的银行存款收入业务，现设方集商业公司9月份发生了下列银行存款收入业务：

①9月1日，收到投资者追加的投资款计50000元已存入银行。作会计分录：

借：银行存款　　　　　　　　　　　　50000

　　贷：实收资本　　　　　　　　　　　　50000

②9月2日，经批准，按面值发行三年期债券计130000元，年利率9%，发行价款已存银行。作会计分录：

借：银行存款　　　　　　　　　　　　130000

　　贷：应付债券　　　　　　　　　　　　130000

③9月3日，销售商品一批，计售价为160000元，货款以转账支票结算。作会计分录：

借：银行存款　　　　　　　　　　　　160000

　　贷：商品销售收入　　　　　　　　　　160000

④9月4日，收到8月份购货方开出并承兑的商业汇票计40000元，现已到期并收回货款。作会计分录：

借：银行存款　　　　　　　　　　　　40000

　　贷：应收票据　　　　　　　　　　　　40000

⑤9月5日，收到8月9日销售商品30000元的货款，按规定给对方

3100 元的折扣，实际收款 26900 元。作会计分录：

借：银行存款　　　　　　　　　　　　　　　26900

　　销售折扣与折让　　　　　　　　　　　　　3100

　　　贷：应收账款　　　　　　　　　　　　　　　30000

⑥9 月 10 日，收到出借包装物押金 3500 元存入银行。作会计分录：

借：银行存款　　　　　　　　　　　　　　　3500

　　　贷：其他应付款　　　　　　　　　　　　　　3500

⑦9 月 11 日，收到投资者投入货币资金 60000 元，投资款已存银行。作会计分录：

借：银行存款　　　　　　　　　　　　　　　60000

　　　贷：实收资本　　　　　　　　　　　　　　　60000

⑧9 月 12 日，销售商品计 54000 元，其中已收到货款 24000 元存行，余款尚欠。作会计分录：

借：银行存款　　　　　　　　　　　　　　　24000

　　应收账款　　　　　　　　　　　　　　　30000

　　　贷：商品销售收入　　　　　　　　　　　　　54000

⑨9 月 14 日，转让材料物资，转让价 16000 元，货款已存入银行。作会计分录：

借：银行存款　　　　　　　　　　　　　　　16000

　　　贷：其他业务收入　　　　　　　　　　　　　16000

⑩9 月 15 日，将借入的包装物一批如数退还，收回押金 1600 元已存入银行。作会计分录：

借：银行存款　　　　　　　　　　　　　　　1600

　　　贷：其他应收款　　　　　　　　　　　　　　1600

⑪9 月 16 日，收到购货企业预付货款 46000 元已存入银行。作会计分录：

借：银行存款　　　　　　　　　　　　　　　46000

　　　贷：预收账款　　　　　　　　　　　　　　　46000

⑫9 月 18 日，接到银行收款通知，加加公司汇来 73000 元归还购货欠

款。作会计分录：

借：银行存款 73000

贷：应收账款——关山公司 73000

⑬9 月 20 日，收到洪阳公司分来的投资收益 36000 元已存入银行。作会计分录：

借：银行存款 36000

贷：投资收益 36000

⑭9 月 21 日，出售短期投资股票计收入 48000 元，款已存银行，短期投资股票成本为 40000 元。作会计分录：

借：银行存款 48000

贷：短期投资 40000

投资收益 8000

⑮9 月 23 日，大丰养殖场退回多付的预付货款 3600 元，银行已收账。作会计分录：

借：银行存款 3600

贷：预付账款 3600

随堂测试

1. 事业单位银行存款业务办理的难点。

2. 事业单位银行存款业务办理的要点。

◇ 第四堂　事业单位银行存款收入业务的处理

【例 5-3】为了让出纳人员快速掌握事业单位的银行存款收入业务，现在假设哈瑞大学 10 月份发生下列银行存款收入业务：

①7 月 1 日，接到银行收款通知，经常性教育经费拨款 600000 元已经到账。作会计分录：

借：银行存款 600000

贷：教育经费拨款 600000

②7月2日，接到银行收款通知，科研经费拨款2000000元和其他经费500000元拨款已经到账。作会计分录：

借：银行存款　　　　　　　　　　　　　　　　2500000

　　贷：科研经费拨款　　　　　　　　　　　　　　2000000

　　　　其他经费拨款　　　　　　　　　　　　　　　500000

③7月6日，校办产业开发公司签发一张转账支票计230000元，为上缴学校上年度的投资收益。作会计分录：

借：银行存款　　　　　　　　　　　　　　　　　230000

　　贷：其他收入——对校办产业投资收益　　　　　　230000

④7月8日，哈瑞大学附属招待所缴来住宿费等款项计30000元已存入银行。作会计分录：

借：银行存款　　　　　　　　　　　　　　　　　　30000

　　贷：附属企业缴款　　　　　　　　　　　　　　　30000

⑤7月10日，收到各院系交来教学及辅助活动收入计50000元，已存入银行。作会计分录：

借：银行存款　　　　　　　　　　　　　　　　　　50000

　　贷：教育事业收入——核准留用预算外资金　　　　　50000

⑥7月12日，接到银行收款通知，申请的医疗费补助已经获准计拨来专项补助80000元。作会计分录：

借：银行存款　　　　　　　　　　　　　　　　　　80000

　　贷：上级补助收入——医疗费补助　　　　　　　　80000

⑦7月15日，接到银行收款通知，合作企业汇来本校承接科研课题经费计160000元。作会计分录：

借：银行存款　　　　　　　　　　　　　　　　　160000

　　贷：科研事业收入　　　　　　　　　　　　　　160000

⑧7月16日，收到从财政月专户核拨的预算外资金230000元，已存入银行。作会计分录：

借：银行存款　　　　　　　　　　　　　　　　　230000

　　贷：教育事业收入——专户核拨预算外资金　　　　　230000

　　⑨7月17日，接受某校友捐赠款260000元，已入银行。作会计分录：

　　　借：银行存款　　　　　　　　　　　　　　　260000

　　　　贷：其他收入——捐赠收入　　　　　　　　　260000

　　⑩7月19日，收到教学、科研及辅助活动之外非独立核算经营活动收入180000元，已存入银行。作会计分录：

　　　借：银行存款　　　　　　　　　　　　　　　180000

　　　　贷：经营收入　　　　　　　　　　　　　　180000

　　⑪7月20日，收回预算拨付给附属企业的财政补助经费100000元，已存入银行。作会计分录：

　　　借：银行存款　　　　　　　　　　　　　　　100000

　　　　贷：拨出经费　　　　　　　　　　　　　　100000

　　⑫7月21日，按规定出售住房收到售房款计1300000元存入银行。作会计分录：

　　　借：银行存款　　　　　　　　　　　　　　1300000

　　　　贷：专用基金——住房基金　　　　　　　　1300000

　　⑬7月22日，一张应收票据40000元，现已到期，收回本息计46000元，已存入银行。作会计分录：

　　　借：银行存款　　　　　　　　　　　　　　　46000

　　　贷：应收票据　　　　　　　　　　　　　　40000

　　　　其他收入——利息收入　　　　　　　　　　6000

　　⑭7月23日，预收协作收月入款计120000元，已存入银行。作会计分录：

　　　借：银行存款　　　　　　　　　　　　　　　120000

　　　贷：应付及暂存款　　　　　　　　　　　　120000

　　⑮7月24日，向银行取得周转金借款30000元划入存款账户。作会计分录：

　　　借：银行存款　　　　　　　　　　　　　　　30000

贷：借入款项　　　　　　　　　　　　　　　　30000

⑯7月25日，收回借出款40000元划入存款账户。作会计分录：

借：银行存款　　　　　　　　　　　　　　　　40000

　　贷：借出款　　　　　　　　　　　　　　　　40000

⑰7月26日，收到组织部交来代管党费计1600元，已存入银行。作会计分录：

借：银行存款　　　　　　　　　　　　　　　　1600

　　贷：代管款项——代管党费　　　　　　　　　1600

⑱7月27日，国库券现已到期，收回本息计280000元，已存入银行。作会计分录：

借：银行存款　　　　　　　　　　　　　　　　280000

　　贷：其他对外投资——其他收入、其他投资收益　280000

同时，按实际成本划转事业基金明细科目，作会计分录：

借：事业基金——投资基金　　　　　　　　　　280000

　　贷：事业基金——一般基金　　　　　　　　　280000

⑲7月28日，经研究决定，收回其他对外投资计银行存款1900000元，材料100000元，投资实际成本款1200000元。作会计分录：

借：银行存款　　　　　　　　　　　　　　　　1900000

　　材料　　　　　　　　　　　　　　　　　　100000

　　贷：其他对外投资——成本　　　　　　　　　1200000

　　　　　　　　　　——其他投资收益　　　　　800000

⑳7月29日，接到银行收款通知，学校银行存款利息计3500元，已转入存款户。作会计分录：

借：银行存款　　　　　　　　　　　　　　　　3500

　　贷：其他收入——利息收入　　　　　　　　　3500

随堂测试

1.制造业银行存款收入业务办理。

2.商品流通业银行存款收入业务办理。

下 午　存款业务有章可循

◇ 第一堂　制造业银行存款付出业务的处理

一、银行存款付出业务的种类

与前面所讲银行存款收入业务处理内容相似，这一堂我们仍将从不同的企业来具体讲解银行存款付出业务的办理。下面分别归纳制造业、商品流通企业、事业单位（学校）银行存款付出所涉及的业务种类。

制造业银行存款付出所涉及的业务种类主要有：材料采购业务；生产费用核算业务；对外投资业务；固定资产取得、安装、建造业务；无形资产取得业务；应收应付业务；各种借款业务（包括债券发行）；期间费用业务等。

商品流通企业银行存款付出所涉及的业务种类主要有：借入款项业务；商品购销、储存、加工及出租业务；材料物资、包装物、低值易耗品业务；货币资金及结算款项业务；对外投资业务；固定资产业务；费用及税金业务等。

事业单位银行存款付出所涉及的业务种类主要有：事业收支业务（缴回拨款、补助等）；经营收支业务；专用基金收支业务；固定资产核算业务；应收应付业务；借入款业务；借出款业务；代管款项业务；对外投资业务等。

二、制造业银行存款付出业务的处理

【例5-4】为了使出纳人员快速掌握制造业银行存款付出业务的办理方法，我们假设大江公司2007年5月份发生下列存款付出业务：

①5月4日，接到开户银行付款通知，采购甲种材料50千克，每千克1200元，计60000元，货款已由银行划转。作会计分录：

借：材料采购——甲种材料   60000

 贷：银行存款   60000

②5月5日，根据采购合同，预付给恒鑫公司购材料款计3500元，款已由银行划转。作会计分录：

借：预付账款——恒鑫公司   3500

 贷：银行存款   3500

③5月7日，签发一张转账支票，共计46000元，支付购低值易耗品一批价款，低值易耗品已验收入库。作会计分录：

借：低值易耗品   46000

 贷：银行存款   46000

④5月8日，用转账支票支付公司销售部的下半年房租36000元。作会计分录：

借：待摊费用   36000

 贷：银行存款   36000

⑤5月10日，购入某股票2000股作短期投资，共计65000元，其中5000元为已宣告发放但未支取的股利。作会计分录：

借：短期投资——某股票   60000

  其他应收款——应收股利   5000

 贷：银行存款   65000

⑥5月11日，经研究决定购买飞天股票12万元，作长期投资，用银行存款支付价款。作会计分录：

借：长期投资——股票投资   120000

 贷：银行存款   120000

⑦5月13日，经研究决定，用银行存款购买四海两年期债券24万元，年利率7%，作为长期投资。作会计分录：

借：长期投资——债券投资   240000

　　　　贷：银行存款　　　　　　　　　　　　　　　　240000

　　⑧5月14日，经研究决定，用原材料50000元，银行存款40000元向湖人公司作长期投资，材料已交付，投资款已划转。作会计分录：

　　　　借：长期投资——其他投资　　　　　　　　　　90000

　　　　　　贷：材料　　　　　　　　　　　　　　　　50000

　　　　　　　银行存款　　　　　　　　　　　　　　40000

　　⑨5月15日，购入不需安装的小型旧运货车一辆，评估原值63000元，作价40000元，款已用银行存款支付。作会计分录：

　　　　借：固定资产　　　　　　　　　　　　　　　　63000

　　　　　　贷：累计折旧　　　　　　　　　　　　　　23000

　　　　　　　银行存款　　　　　　　　　　　　　　40000

　　⑩5月16日，购入设备一台，价款及运费计120800万元，已用银行存款支付，现已交付安装。作会计分录：

　　　　借：在建工程　　　　　　　　　　　　　　　120800

　　　　　　贷：银行存款　　　　　　　　　　　　　120800

　　⑪5月17日，自行创造专利并按法律程序取得专利权，用银行存款支付注册费、登记费、中介费等计5000元。作会计分录：

　　　　借：无形资产——专利权　　　　　　　　　　　5000

　　　　　　贷：银行存款　　　　　　　　　　　　　　5000

　　⑫5月18日，为购货企业大浩公司代垫运费计1200元，以银行存款支付。作会计分录：

　　　　借：应收账款——大浩公司　　　　　　　　　　1200

　　　　　　贷：银行存款　　　　　　　　　　　　　　1200

　　⑬5月19日，销售部赵刚出差借款3600元，开出一张现金支票自去银行取款。作会计分录：

　　　　借：其他应收款——赵刚　　　　　　　　　　　3600

　　　　　　贷：银行存款　　　　　　　　　　　　　　3600

　　⑭5月20日，借入的短期借款50000元现已到期，本金和利息共计

54000 元。作会计分录：

借：短期借款   50000

  财务费用   4000

  贷：银行存款   54000

⑮5 月 21 日，用银行存款偿付长城公司货款 8600 元。作会计分录：

借：应付账款——长城公司   8600

  贷：银行存款   8600

⑯5 月 22 日，签发转账支票退还银钩公司包装物押金 2500 元，租用的包装物已如数退还，已由仓库验收。作会计分录：

借：其他应付款——高山公司   2500

  贷：银行存款   2500

⑰5 月 23 日，职工郭合飞报住院费 1000 元，签发转账支票一张给付。作会计分录：

借：应付福利费   1000

  贷：银行存款   1000

⑱5 月 24 日，大江公司签发一张转账支票共计 120000 元，缴纳所得税款。作会计分录：

借：应交税费——所得税   120000

  贷：银行存款   120000

⑲5 月 25 日，用银行存款支付投资者利润 20000 元。作会计分录：

借：应付利润——投资者公司   20000

  贷：银行存款   20000

⑳5 月 26 日，用银行存款归还长期借款 49000 元，已计利息 4600 元，未计利息 2400 元，计付本息 56000 元。作会计分录：

借：长期借款   49000

  预提费用   4600

  财务费用   2400

  贷：银行存款   56000

㉑5 月 27 日，发行两年期债券面值 100000 元，年利率 10%，已到期，用存款兑付债券本息计 110000 元。作会计分录：

借：应付债券——面值   100000

  应付债券——应付利息   10000

  贷：银行存款   110000

㉒5 月 27 日，一笔长期应付款 90000 元现已到期，用银行存款偿还。作会计分录：

借：长期应付款   90000

  贷：银行存款   90000

㉓5 月 27 日，本月销售产品发生退货共计 6700 元，退货已由仓库验收，退货款已用银行存款支付。作会计分录：

借：产品销售收入——退货   6700

  贷：银行存款   6700

㉔5 月 28 日，用银行存款支付广告费 5600 元。作会计分录：

借：产品销售费用   5600

  贷：银行存款   5600

㉕5 月 28 日，用银行存款支付公司电话费 1700 元。作会计分录：

借：管理费用   1700

  贷：银行存款   1700

㉖5 月 29 日，用银行存款赔偿交通事故赔款 36000 元。作会计分录：

借：营业外支出   36000

  贷：银行存款   36000

㉗5 月 30 日，接到银行转来付款通知，计付 5 月份电费共 8000 元。其中生产部门用电 6700 元，管理部门用电 1300 元。作会计分录：

借：制造费用   6700

  管理费用   1300

  贷：银行存款   8000

㉘5 月 31 日，用银行存款支付设备的安装费 6500 元。作会计分录：

借：在建工程——设备   6500
　　　贷：银行存款   6500

随堂测试

1. 银行付款业务办理的内容。

2. 制造业银行付款业务办理的要点。

◇ 第二堂　商品流通企业银行存款付出业务的处理

【例5-5】为了使出纳人员快速掌握商品流通企业的银行存款付出业务的办理方法，现设八格商业公司2008年6月份，发生了下列银行存款付出业务：

①6月1日，用银行存款归还长期借款及利息计4500元。作会计分录：

借：长期借款   4500

　　　贷：银行存款   4500

②6月2日，按面值发行的三年期债券120000元，年利率10%，现已到期，用银行存款偿还应付债券本息共计132000元。作会计分录：

借：应付债券——面值   120000

　　应付债券——应计利息   12000

　　　贷：银行存款   132000

③6月3日，购进商品一批，商品进价23000元，货款已用转账支票支付。作会计分录：

借：商品采购   23000

　　　贷：银行存款   23000

商品验收入库，同时应作会计分录：

借：库存商品   23000

　　　贷：商品采购   23000

④6月4日，购进商品一批，进货费用3500元，用银行存款支付，商品进价41000元，开出承兑商业汇票。作会计分录：

借：商品采购　　　　　　　　　　　　　　41000

　　经营费用　　　　　　　　　　　　　　3500

　　贷：银行存款　　　　　　　　　　　　　3500

　　　　应付票据　　　　　　　　　　　　　41000

⑤6月5日，收购农副产品一批，共计6400元，开出现金支票付款。作会计分录：

借：商品采购　　　　　　　　　　　　　　6400

　　贷：银行存款　　　　　　　　　　　　　6400

⑥6月8日，开出一张转账支票计14000元，为预付鑫丰养殖场定金。作会计分录：

借：预付账款　　　　　　　　　　　　　　14000

　　贷：银行存款　　　　　　　　　　　　　14000

⑦6月9日，5月购进的商品，验收时发现多出25件共计2500元，已转作待处理财产损溢，现已查明属供货方多发，同意作购进，用存款补付货款。作会计分录：

借：待处理财产损溢　　　　　　　　　　　2500

　　贷：银行存款　　　　　　　　　　　　　2500

⑧6月10日，销售商品一批计40000元，用银行存款支付代垫运杂费360元，发出商品办妥托收后，进行账务处理。作会计分录：

借：应收账款　　　　　　　　　　　　　　40360

　　贷：银行存款　　　　　　　　　　　　　360

　　　　商品销售收入　　　　　　　　　　　40000

⑨6月11日，发生一笔销货退回，其金额为10000元，商品已由仓库验收，货款已用银行存款退还。作会计分录：

借：商品销售收入　　　　　　　　　　　　10000

　　贷：银行存款　　　　　　　　　　　　　10000

⑩6月12日，用银行存款支付商品的加工费3800元。作会计分录：

借：加工商品　　　　　　　　　　　　　　3800

  贷：银行存款   3800

⑪6 月 13 日，购进包装物、低值易耗品一批，价款共计 3100 元，已验收入库，价款已用存款支付。作会计分录：

  借：周转材料   3100

    贷：银行存款   3100

⑫6 月 14 日，用银行存款偿还进货欠款 46000 元。作会计分录：

  借：应付账款   46000

    贷：银行存款   46000

⑬6 月 15 日，用银行存款支付职工王艳住院费计 1600 元。作会计分录：

  借：应付福利费   1600

    贷：银行存款   1600

⑭6 月 16 日，购入某种股票 3000 股作为短期投资，计 60900 元，其中 900 元为已宣告发放但未支取的股利，短期投资款已用银行存款支付。作会计分录：

  借：短期投资   60000

    应收利息   900

    贷：银行存款   60900

⑮6 月 17 日，购入 2008 年 6 月发行的一年期债券，付款 50700 元，其中 700 元为应计利息。作会计分录：

  借：长期债权投资——债券投资（面值）   50000

    长期债权投资——应计利息   700

    贷：银行存款   50700

⑯6 月 18 日，向湖人公司投资转出商品 50000 元，转款 30000 元。作会计分录：

  借：长期投资——其他投资   80000

    贷：库存商品   50000

      银行存款   30000

⑰6 月 19 日，基建工程开工，预付工程价款 120 万元，作会计分录：

借：在建工程   1200000

     贷：银行存款   1200000

⑱6月20日，购进货架15个，共计45000元，货款已用银行存款支付，货架已交付使用。作会计分录：

借：固定资产   45000

     贷：银行存款   45000

⑲6月21日，接到银行付款通知，银行手续费共计150元。作会计分录：

借：财务费用   150

     贷：银行存款   150

⑳6月22日，用银行存款交纳税金（营业税、所得税）共计36550元。作会计分录：

借：应交税费   36550

     贷：银行存款   36550

㉑6月23日，用银行存款归还短期借款计8900元。作会计分录：

借：短期借款   8900

     贷：银行存款   8900

㉒6月24日，银行退回购货企业多付的购货款1900元，用银行存款支付。作会计分录：

借：预收账款购货企业   1900

     贷：银行存款   1900

随堂测试

1. 商品流通业银行付款业务办理的难点。

2. 商品流通业银行付款业务办理的要点。

◇ 第三堂　事业单位银行存款付出业务的处理

【例5-6】为了使出纳人员快速掌握银行付款业务的办理技巧，现设哈瑞大学 2008 年 10 月份发生了下列银行存款付出业务：

①10 月 1 日，根据年度财务计划，购置教学设备计 90000 元，购置款已用银行存款支付，设备已验收并交付使用。作会计分录：

借：教育事业支出   90000

    贷：银行存款   90000

同时，作会计分录：

借：固定资产   90000

    贷：固定基金   90000

②10 月 2 日，经批准同意借出 40000 元给附属企业作周转金，以转账支票支付。作会计分录：

借：借出款   40000

    贷：银行存款   40000

③10 月 3 日，组织部党校报销购买学习资料费计 2000 元，用现金支票支付。作会计分录：

借：代管款项代管党费   2000

    贷：银行存款   2000

④10 月 4 日，购入债券（或进行其他投资）计 80000 元。作会计分录：

借：其他对外投资   80000

    贷：银行存款   80000

同时，划转事业基金明细账。作会计分录：

借：事业基金——一般基金   80000

    贷：事业基金——投资基金   80000

⑤10 月 5 日，用自筹资金归还借款 20000 元。作会计分录：

借：借入款项   20000

    贷：银行存款   20000

⑥10 月 6 日，为科研筹资的应付票据 700000 元已经到期，用银行存款支付，本息共计 708000 元。作会计分录：

借：应付票据   700000

科研事业支出　　　　　　　　　　　　　　　　　8000

　　贷：银行存款　　　　　　　　　　　　　　　708000

⑦10月7日，从银行存款提取现金2300000元备发工资。作会计分录：

借：现金　　　　　　　　　　　　　　　　　2300000

　　贷：银行存款　　　　　　　　　　　　　　2300000

⑧10月8日，用银行存款支付校招待所的暂存款40000元。作会计分录：

借：应付及暂存招待所款　　　　　　　　　　　40000

　　贷：银行存款　　　　　　　　　　　　　　　40000

⑨10月9日，学校教务处15位教师出差借差旅费共计45000元，用现金支票支付。作会计分录：

借：其他应收款　　　　　　　　　　　　　　　45000

　　贷：银行存款　　　　　　　　　　　　　　　45000

⑩10月10日，科研处出差人员回校报销差旅费共计26000万元，原借款23000元，用银行存款补付3000元。作会计分录：

借：科研事业支出　　　　　　　　　　　　　　26000

　　贷：应收及暂付款　　　　　　　　　　　　　23000

　　　　银行存款　　　　　　　　　　　　　　　3000

⑪10月11日，签发转账支票10000元，支付教职工李丽住院医疗费。作会计分录：

借：专用基金福利基金　　　　　　　　　　　　10000

　　贷：银行存款　　　　　　　　　　　　　　　10000

⑫10月12日，签发一张转账支票计38000元，支付非独立核算企业经营活动支出。作会计分录：

借：经营支出　　　　　　　　　　　　　　　　38000

　　贷：银行存款　　　　　　　　　　　　　　　38000

⑬10月13日，事务科购置低值易耗品共计16000元，已由仓库验收，签发转账支票支付贷款。作会计分录：

借：周转材料　　　　　　　　　　　　　　　　16000

　　贷：银行存款　　　　　　　　　　　　　　　　　16000

　　⑭10 月 14 日，按规定将预算外资金 82000 万元划入财政专户，款已划转。作会计分录：

　　　　借：应缴财政专户款　　　　　　　　　　　　82000

　　　　　　贷：银行存款　　　　　　　　　　　　　82000

　　⑮10 月 15 日，按规定缴回上级补助收入 80000 元，款已通过银行划转。作会计分录：

　　　　借：上级补助收入　　　　　　　　　　　　　80000

　　　　　　贷：银行存款　　　　　　　　　　　　　80000

　　⑯10 月 16 日，按规定上缴上级款项计 40000 元，款已由银行划转。作会计分录：

　　　　借：上缴上级支出　　　　　　　　　　　　　40000

　　　　　　贷：银行存款　　　　　　　　　　　　　40000

　　⑰10 月 17 日，转拨给附属企业财政补助经费 150000 元。作会计分录：

　　　　借：拨出经费　　　　　　　　　　　　　　150000

　　　　　　贷：银行存款　　　　　　　　　　　　150000

　　⑱10 月 18 日，学校自筹资金 47000 元补助附属企业，款已通过银行划转。作会计分录：

　　　　借：对附属企业补助　　　　　　　　　　　　47000

　　　　　　贷：银行存款　　　　　　　　　　　　　47000

　　⑲10 月 19 日，用存款缴纳各项税金共计 63000 元。作会计分录：

　　　　借：应交税费——各明细户　　　　　　　　　63000

　　　　　　贷：银行存款　　　　　　　　　　　　　63000

随堂测试

1. 事业单位银行付款业务办理的难点。

2. 事业单位银行付款业务办理的要点。

周六　透视票据管理的玄机

上午　认识票据

◇ 第一堂　票据基本知识

票据主要是指由出票人签发，无条件约定自己或要求他人支付一定金额，可流通转让的有价证券（汇票、支票和本票），持有人具有一定权利的凭证。

票据是一种代表一定数量货币量的有价证券，属于可以在法定范围和条件下流通的货币证券。货币证券是一种代表一定数量的货币请求权的有价证券，但它并不是货币本身，不具备货币独有的职能。票据的货币证券性质决定了其具备汇兑、支付、结算和信用等基本功能。

根据票据的定义我们可以看出，票据是一种与借条类似的反映债权债务关系的书面凭证。企业在与他人发生商品、货币或其他财产权利交换行为时，双方都拥有各自财产的权利和义务，如在企业向银行申请银行本票的行为中，银行拥有了企业的资金，银行就需要为企业服务，企业相当于把大笔的资金交与银行保管，票据则是双方关系确立的证明。

票据只有在真实的债权债务关系存在时，才可以有效，而真实的债权债务关系的存在也是票据发生的基础。

票据行为分为广义和狭义两种，广义的票据行为是指以发生、变更或消灭票据的权利义务关系为目的的法律行为，包括出票、背书、涂改、禁止背书、付款、保证、承兑、参加承兑、划线、保付等。狭义的票据行为是票据当事人以负担票据债务为目的的法律行为，包括出票、背书、承兑、参加承兑、保证、保付六种。这里我们主要介绍狭义的票据行为。

1. 出票

出票是指出票人按照法律规定的形式而做成的票据，交与收款人的行为。出票人是指开立票据并将其交付给法人、其他组织或者个人。如银行汇票的出票人为经中国人民银行批准办理银行汇票业务的银行。出票包括"作成"和"交付"两种行为。

现实中由于票据都是按照一定的规格印制而成，所以出票人只要按照业务需要，在票据上面填写内容和签字便可以完成"作成"行为，而"交付"行为指出票人按法定程序将票据交给收款人的行为，如果收款人采用非法手段获得票据则属于犯法行为，票据无效，如偷窃来的票据。

2. 背书

票据的特点是便于流通，财务活动中有时票据需要转让，持票人便可以通过"背书"的行为实现票据转让。背书指持票人转让票据权利予他人。票据发生背书行为时，只有票据人根据自己的意愿转让给他人才有效，票据转让后，票据上的所有权利都随之转让给被背书人，没有一点保留，如有特殊要求，转让人与被背书人应事前协商清楚。

3. 承兑

票据中有一种行为是汇票所独有的，就是承兑。承兑指汇票的付款人承诺负担票据债务的行为。如某企业向申请建设银行汇票后，约定 12 月 13~23日支取汇票上的现金，银行就必须在此期间向汇票人支付现金。汇票一般用于异地的转账或支取现金。如果出票人没有按时支付给汇款人金额，持票人有权对其提起诉讼。

4. 参加承兑

无论企业还是个人向银行贷款时都需要向银行提供担保人，目的是防止借款人在不能按时还款时，担保人可以承担还款义务。票据兑现时，也有一种与此相似的行为，就是参加承兑。参加承兑指票据的预备付款人或第三人为了特定票据债务人的利益，代替承兑人进行承兑，以阻止持票人于汇票到期日前行使追索权的一种票据行为。因为汇票也会因各种主客观原因而发生无法承兑的事情，那么此时就需要第三方来承担这些款项，就是参加承兑的行为。

参加承兑与承兑虽然都承担负担票据债务的行为，但二者却并不完全相同，首先承兑人是票据债务的主要承担者，而参加承兑人只是在承兑人不能支付债务时才有义务支付，承兑的目的是为了确定债务人的付款责任，而参加承兑人的目的是为了防止持票人行使追索权。

5. 保证

看到保证一词，大家便会想到"保证完成任务"，"保证不出问题"这些承诺类的语言。票据行为中的保证行为也是一种承诺行为，指除票据债务人以外的人为担保票据债务的履行、以负担同一内容的票据债务为目的的一种附属票据行为。票据保证的目的是担保其他票据债务的履行，适用于汇票和本票，不适用于支票。

保证行为可以是全额保证，也可以是部分保证，既可以是一个人保证，也可以是多人共同保证。保证人与被保证人的责任相同，当被保证人不能履行其义务时，债权人可以直接向保证人请求追索。

6. 保付

保付，可以简单理解为保证付款，专业地讲，保付是指支票的付款人向持票人承诺负绝对付款责任的一种附属票据行为。保付行为一般为持票人使用，持票人一旦经付款人同意保付，便具有了绝对的取款权。即使持票人在付款人处没有资金或者付款人对持票人没有付款委托，只要持票人在支票上注明"照付"或"保付"字样，付款人就必须支付。

随堂测试

1. 票据的概念。

2. 票据的六种行为。

◇ 第二堂　支票结算方式

一、支票结算的概念

美国知名大片《人鬼情未了》中有这样一幕：灵媒奥塔拿到男主人公山姆取来的一张票据时，十分兴奋，兴冲冲地计划买一幢楼房。山姆却逼着奥塔将票据捐赠给修道院的慈善机构。奥塔在极其不情愿的情况下，才将持有票据的手松开。我们在片中看到不食人间烟火的修女看到票据上的数字时，惊呆得晕倒过去。那么奥塔不愿松手而且使修女晕倒的票据是什么呢？

我们细心观看电影就可以知道，那是一张价值400万美元的可以让奥塔买栋楼房的支票。支票是由出票人签发，委托办理存款业务的银行或其他金融机构在见票时无条件支付确定的金额给收款人或者持票人的票据。那位修女拿到那张支票后便可以向银行支取400万美元的现金，这也是奥塔不愿松手的原因。

支票有普通支票、现金支票、转账支票三种。不同的支票功能也不相同，现金支票只能用于支取现金，出纳人员可以签发现金支票让本企业人员到银行支取现金，也可以签发给其他企业和个人办理结算或支取现金。转账支票只能用于转账，适用于存款人在同一城市范围内办理商品交易、劳务供应等情况。

二、支票结算的特点

简便。办理支付结算的手续非常简便，只要付款人在银行有足够的存款，便有签发支票的权利，收款人只要拿着有效支票到银行便可以支取现金，操作很简单。

灵活。一般人在银行开户时办理的存折或银行卡只有本人到银行支取才可以取出，而支票则不同，支票人可以直接办理结算，也可以委托银行主动付款给收款人，同城内转账支票还可以背书转让。

迅速。出纳人员使用支票办理转账结算时，只要将转账支票和进账单送交银行，几个小时内便可完成转账业务，办理现金业务时，只要使用现金支票便可立即取得现金，结算业务的办理速度非常迅速。

可靠。使用支票办理结算业务时相对比较可靠，因为银行不办理空头支票，办理支票的企业只有在银行有足够存款余额才能签发支票，因此出纳人员只要收到的支票真实便可结算业务。

三、支票结算的基本规定

按照《银行结算办法》和《现金管理暂行条例》的规定，凡是在银行开立账户的企业、事业单位和机关、团体、部队、学校、个体工商户以及企业附属食堂、幼儿园等，其在同一城市或票据交换地区的商品交易、劳务供应、债务清偿和其他款项结算等均可使用支票。

按照《票据法》的规定，除定额支票外，支票一律记名。经中国人民银行总行批准的地区转账支票还允许背书转让，背书转让必须连续。下面是《支票结算办法》对支票结算的基本规定：

（1）支票的提示付款期限自出票日起 10 日，但中国人民银行另有规定的除外。超过提示付款期限提示付款的，持票人开户银行不予受理，付款人不予付款。

（2）支票的金额、收款人名称，可以由出票人授权补记。未补记前不得背书转让和提示付款。

（3）支票的出票人签发支票的金额不得超过付款时在付款人处实有的存款金额。禁止签发空头支票。

（4）出票人签发空头支票、签章与预留银行签章不符的支票、使用支付密码地区，支付密码错误的支票，银行应予以退票，并按票面金额处以 5%但不低于 1000 元的罚款；持票人有权要求出票人赔偿支票金额 2%的赔偿金。对屡次签发的，银行应停止其签发支票。

（5）支票的出票人签发支票的金额不得超过付款时在付款人处实有的存款金额。禁止签发空头支票。

（6）支票是出票人签发的，委托办理支票存款业务的银行在见票时无条件支付确定的金额给收款人或者持票人的票据。

（7）支票上印有"现金"字样的为现金支票，现金支票只能用于支取现金。支票上印有"转账"字样的为转账支票，转账支票只能用于转账。支票上未印有"现金"或"转账"字样的为普通支票，普通支票可以用于支取现金，也可以用于转账。在普通支票左上角划两条平行线的，为划线支票，划线支票只能用于转账，不得支取现金。

现金支票的票样见图6-1，转账支票的票样见图6-2。

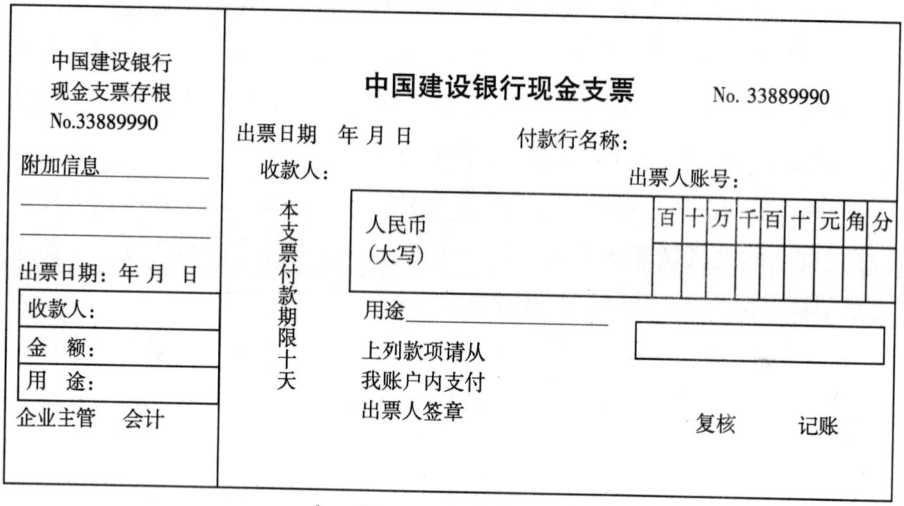

图6-1 现金支票

（8）企业和个人在同一票据交换区域的各种款项结算，均可以使用支票。《支票结算办法》第一百一十七条规定：支票的出票人，为在经中国人民银行当地支行批准办理支票业务的银行机构开立可以使用支票的存款账户的企业和个人。

（9）签发支票必须记载下列事项：

中国建设银行 转账支票存根 No.33823690	本支票付款期限十天	中国建设银行转账支票 No. 33823690

中国建设银行
转账支票存根
No.33823690

附加信息

出票日期 2008 年 6
月 19 日

| 收款人：××公司 |
| 金　　额：￥85520 |
| 用　　途：偿还债务 |

企业主管　　会计

中国建设银行转账支票　　No. 33823690

出票日期　　2008 年 6 月 19 日　　付款行名称：中国建设银行××支行
收款人：××公司　　　　　　　出票人账号：130101180116

人民币捌万伍仟伍佰贰拾元整 （大写）	百	十	万	千	百	十	元	角	分
			￥	8	5	5	2	0	0	0

用途 偿还债务

上列款项请从
我账户内支付
出票人签章　　　　　　　复核　　　记账

本支票付款期限十天

图 6-2　转账支票

①表明"支票"的字样。

②无条件支付的委托。

③确定的金额。

④付款人名称。

⑤出票日期。

⑥出票人签章。

⑦欠缺记载上列事项之一的，支票无效。

⑧支票的付款人为支票上记载的出票人开户银行。

⑨支票的金额、收款人名称，可以由出票人授权补记。未补记前不得背书转让和提示付款。

⑩签发支票应使用碳素墨水或墨汁的笔填写，中国人民银行另有规定的除外。

⑪签发现金支票和用于支取现金的普通支票，必须符合国家现金管理的规定。

⑫支票的出票人签发支票的金额不得超过付款时在付款人处实有的存款金额。禁止签发空头支票。

⑬支票的出票人预留银行签章是银行审核支票付款的依据。银行也可以与出票人约定使用支付密码，作为银行审核支付支票金额的条件。

⑭出票人不得签发与其预留银行签章不符的支票；使用支付密码的，出票人不得签发支付密码错误的支票。

四、转账支票的处理方法

转账支票的背书转让行为，只有经中国人民银行总行批准的地区才可以进行。收款企业接收到签发企业的转账支票时，收款企业的出纳人员要认真审核，查看转账支票是否有误。

（1）支票的填写是否规范，是否采用了碳素墨水或墨汁的笔填写，支票上的内容是否清晰可辨，大小写是否正确。

（2）支票的应填内容是否齐全，是否有签发企业的印章，如果内容改动，是否有银行预留的印鉴。

（3）支票收款企业是否正确。

（4）支票是否符合付款期限。

（5）背书转让的支票其背书是否正确，是否连续。

审核无误后，出纳人员还需填写银行进账单。进账单的填写如图 6-3 所示。

中国建设银行 进账单（收账通知）3
2008 年 12 月 8 日

出票人	全　称	太阳公司		收款人	全　称	完大有限公司											交给收款人的收账通知此联是收款人开户银行
	账　号	1688853			账　号	8112-5120											
	开户银行	××北大街 123 号			开户银行	中国建设银行大红路支行											
金额	人民币（大写）		伍万元整			亿	千	百	十	万	千	百	十	元	角	分	
									￥	5	0	0	0	0	0	0	
票据种类	转账支票	票据张数	1														
票据号码																	
	复核　　记账							收款人开户银行签章									

图 6-3　进账单

进账单填写完毕后，与转账支票一起递交到开户银行。之后，银行会将进账单的第一联加盖印章退给收款方，出纳人员可以据此编制收款凭证，并登记银行存款日记账。

【例 6-1】3 月 8 日昌明公司收到红旗公司交来的 22700 元转账支票后，进行认真审查，审查无误后填制进账单，连同支票一并送开户银行，根据开户银行盖章退回的进账单第一联编制银行存款收款凭证，其会计分录为：

借：银行存款　　　　　　　　　　　　　　22700
　　贷：产品销售收入　　　　　　　　　　　　20000
　　　　应交税费——应交增值税（销项税额）　　2700

五、银行退票的处理方法

银行收到支票后，对审核不合格的支票采取退票的方式，如签发空头支票或填写有误的支票。签发企业的出纳人员收到银行退回的支票时，需要填写银行出具的"退票理由书"，如表 6-1 所示。出纳人员要按"退票理由书"的内容重新填写支票。

表 6-1　　　　　　　　　　　　退票理由书
年 月 日

出票企业　　　　　　　　　　　　　　票据号码

项　　目	内　　容	退票理由（打√号）
账户款项不足	存款不足	
	超过放款批准额度或经费限额	
内容填写	金额大小写不全、不清楚	
	未填写收款企业或收款人	
	未填写款项用途或用途填写不明	
	按国家规定不能支付的款项	
日期	出票日期已过有效期限	
	非即期支票	
背书签字	背书人签章不清、不全、空白	
	背书人签章与预留银行印鉴不符	
涂改	支票大小写金额或收款人名称涂改	
	日期、账号等涂改处未盖预留银行印鉴证明	

续表

项　　目	内　　容	退票理由（打√号）
其他	此户已结清，无此账户	
	已经出票人申请止付	
	非本行承付支票	

为了付款方的利益，收款方的出纳人员收到银行退回的支票后，应该立即与付款人进行联系，同时作出相应的账务处理。

【例6-2】3月8日昌明公司收到红旗公司交来的22700元转账支票后，经过审核后与填写完整的进账单一起送到开户银行。3月12日，昌明公司因红旗公司的存款不足而收到银行的退票。对此，昌明公司的出纳人员立即与红旗公司进行交涉，同时作了如下的账务处理，会计分录为：

借：应收账款　　　　　　　　　　　　　　　　　22700

　　贷：银行存款　　　　　　　　　　　　　　　　22700

如果签发人因签发空头支票或签发不规范，如缺乏印鉴、缺乏密码、账号错误、密码错误、印鉴不符、账号账户不符等，会受到银行相应的处罚。这时付款方的出纳人员就需要编制银行存款付款凭证。

【例6-3】鑫鑫公司的出纳员因失误，签发了一张金额为100000元的空头支票。银行按规定给鑫鑫公司5000元的罚款，为此财务部门编制银行存款付款凭证，其会计分录为：

借：营业外支出　　　　　　　　　　　　　　　　5000

　　贷：银行存款　　　　　　　　　　　　　　　　5000

随堂测试

1. 支票的概念。

2. 关于支票的规定。

◇ 第三堂　银行本票

一、银行本票的概念

银行本票是申请人将款项交存银行，由银行签发给其凭以办理转账结算或支取现金的票据。银行票的适用很广，根据《银行结算办法》规定，企业、个体经济者和个人在同城范围的商品交易和劳务供应以及其他款项的结算均可以使用银行本票。

我国银行本票目前有两种：一种是定额本票；另一种是不定额本票。本票票样如图 6-4 所示。

图 6-4　本票

为了规范银行本票的结算行为，《银行结算办法》、《票据法》、《票据支付结算法》作出了专门的规定，以保证银行本票结算行为的合法性，下面综合相关法律的规定，供出纳人员参考。

二、银行本票的规定

（1）银行本票一律记名。允许背书转让。

（2）不定额银行本票的金额起点为 1000 元。定额银行本票面额 1000元、5000 元、10000 元和 50000 元。

（3）银行本票的付款期为一个月（不分大月、小月，统一按次月对日计算；到期日遇到节假日顺延）。逾期的银行本票，兑付银行不予受理。

（4）申请人办理银行本票，应向银行填写"银行本票申请书"，详细填明收款人名称，需要支取现金的，在银行本票上划去"转账"字样，填明"现金"字样。不定额银行本票用压数机压印金额，将办妥的银行本票交给申请人。

银行本票申请书一式三联，第一联由签发企业或个人留存，第二联为签发行办理本票的付款凭证，第三联为签发行办理本票的收款凭证。

（5）未在银行开立账户的收款人，凭具有"现金"字样的银行本票向银行支取现金，应在银行本票背面签字或盖章，并向银行交验有关证件。

（6）银行本票见票即付，不予挂失。遗失的不定额银行本票在付款期满后一个月，确未冒领，可以办理退款手续。

（7）申请人因银行本票超过付款期或者其他原因要求退款时，可持银行本票到签发银行办理。

三、银行本票办理程序

申请人办理银行本票时，首先要向银行填写一式三联"银行本票申请书"，申请书上应详细填收款人的名称，个体经济户和个人需要支取现金的并应填明"现金"字样。如申请人是在开户行办理银行本票还应在"银行本票申请书"上加盖预留银行印鉴。

申请人经银行核查后，取得银行本票时，出纳人员应作以下的会计分录：

借：其他货币资金——银行本票存款　　　　　×××

　　贷：银行存款　　　　　　　　　　　　　　×××

对于银行按规定收取的办理银行本票手续费，付款企业应当编制银行存款或现金付款凭证，其会计分录为：

借：财务费用——银行手续费　　　　　　　×××

　　贷：银行存款　　　　　　　　　　　　　　×××

银行本票具有支付能力，付款企业收到银行本票后，便可以使用银行本票向其他企业进行购买活动，发挥银行本票的货款结算功能。付款企业可以直接使用银行本票交给收款企业，然后根据收款企业的发票账单等有关凭证编制转账凭证，会计分录如下：

借：商品采购 ×××

贷：其他货币资金———银行本票 ×××

如果实际购货金额大于银行本票金额，付款企业可以用支票或现金等补齐不足的款项，同时根据有关凭证按照不足款项编制银行存款或现金付款凭证，其会计分录为：

借：商品采购 ×××

贷：银行存款 ×××

如果实际购货金额小于银行本票金额，则由收款企业用支票或现金退回多余的款项，付款企业应根据有关凭证，按照退回的多余款项编制银行存款或现金收款凭证，其会计分录为：

借：银行存款（或现金） ×××

贷：其他货币资金———银行本票 ×××

收款企业收到银行本票后，需要对银行本票进行核查，核查的内容为：

（1）核查银行本票上的名称是否正确，背书是否合法。

（2）银行本票上的汇票专用章是否清晰可辨，如有问题应及时查明原因。

（3）银行本票是否已超过付款期限。

（4）银行本票中的各项内容是否符合相关规定。

（5）不定额银行本票金额与压印数额是否相符。

审查无误后，受理付款企业的银行本票，填写一式两联"进账单"与银行本票一并送交开户银行转账收款，会计分录如下：

借：银行存款 ×××

贷：应收账款等 ×××

随堂测试

1. 银行本票的概念。

2. 银行本票的规定。

下 午　票据结算灵活多样

◇ 第一堂　汇票结算方式

一、银行汇票

银行汇票是汇款人将款项存入当地银行，由银行签发给汇款人持往异地办理转账结算或支取现金的票据。银行汇票结算的使用主体很广，企业、个体工商户和个人都可以使用汇票办理各种业务，但只能在中国人民银行和各专业银行参加"全国联行往来"的银行机构办理。如果开户银行不能签发银行汇票，汇款人需要将款项转交给其他银行办理。

1. 银行汇票结算方式的特点

（1）票随人走，钱货两清。实行银行汇票结算，购货企业交款，银行开票，票随人走；购货企业购货给票，销售企业验票发货，一手交票，一手交货；银行见票付款，这样可以减少结算环节，缩短结算资金在途时间，方便购销活动。

（2）信用度高，安全可靠。银行汇票是由银行负责支付，收款人只要持有票据便可以到银行支取款项，它是以银行的信用作担保，安全性很高。银行内部严密的处理程序和防范措施，可以保证汇款人的汇款安全。即使汇票丢失，汇款人只要到办理汇票处挂失，就可以防止款项被他人领取。

（3）使用灵活，适应性强。实行银行汇票结算，持票人可以将汇票背书转让给销货企业，也可以通过银行办理分次支取或转让，另外还可以使用信汇、电汇或重新办理汇票转汇款项，因而有利于购货企业在市场上灵活地采购物资。

（4）结算准确，余款自动退回。一般来讲，购货企业很难确定具体的购货金额，因而汇多用少的情况是不可避免的。在此情况下，多余款项往往长时间得不到清算从而给购货企业带来不便和损失。而使用银行汇票结算则不会出现这种情况，企业持银行汇票购货，凡在汇票的汇款金额之内的，可根据实际采购金额办理，多余款项将由银行自动退回。这样可以有效地防止交易尾欠的发生。

2. 银行汇票结算的基本规定

（1）银行汇票的业务办理，只能在中国人民银行参加"全国联行往来"的银行机构办理。汇款人需要跨行办理转账汇票的，需要通过同城票据交换将银行汇票和解讫通知提交同城的有关银行审核支付后抵用。

（2）银行汇票采用记名制。记名指在汇票中需要指定收款人的姓名，只有此人才可认领汇票，他人无权认领，如果收款人通过背书的方式将汇票转让，收款人需指定转让人。

（3）银行汇票的汇票金额起点为 500 元。

（4）银行汇票的付款期为 1 个月。收款人必须在付款期内领取款额，如果超过付款期银行便不再受理。汇票的付款期为 1 个月，它是从签发日开始，不论月数的多少，一律到一个月的对应日期为止。如 2 月 3 日办理的汇票业务，3 月 3 日便是付款期的最后一天，遇到假日可以顺延。过期汇票，银行不再受理。

3. 银行汇票的结算程序

银行汇票结算分为四个步骤，包括承汇、结算、兑付和结清余额，具体步骤如图 6-5 所示。

①委托银行办理汇票。

②银行签发汇票。

③使用汇票结算。

④持汇票进账或取款。

⑤通知汇票已解付。

⑥银行划款。

⑦结算汇票退还余额。

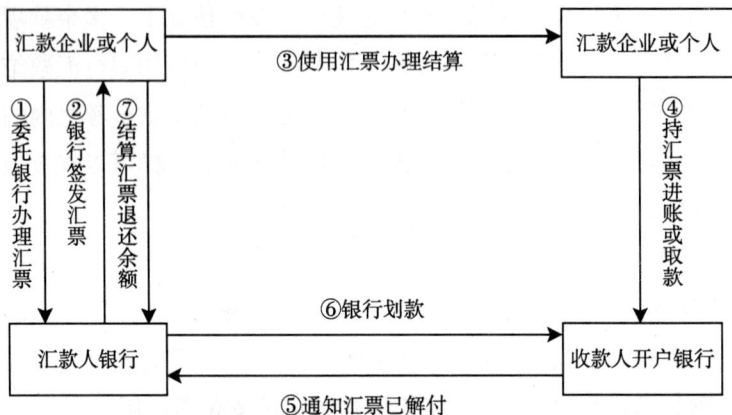

图6-5　银行汇票结算的基本程序

4.银行汇票的申请

企业部门要办理银行汇票时，需要向银行提出申请，填写银行汇票请领单，单据上应详细说明领用银行汇票的部门、经办人、汇款用途、收款企业名称、开户银行、账号等，同时单据上要有请领人的签章及企业领导同意意见。这些填写清楚后由出纳人员办理具体的银行汇票手续。银行汇票请领单的基本格式如表6-2所示。

表6-2　　　　　　　　　　　　**银行汇票请领单**

请领日期　　年　月　日

收款人		开户银行		账号	
汇款用途					
汇款金额	人民币 （大写）				￥
部门负责人意见		企业领导审批意见			

银行受理了企业的银行汇票单之后，出纳人员还需要向银行提交"银行汇票委托书"，出纳人员应按委托书的要求详细填写汇款人名称和账号、收款人名称和账号、兑付地点、汇款金额、汇款用途等内容，同时要在"汇款

委托书"上加盖汇款人预留银行的印鉴，由银行审查后签发银行汇票。银行汇票采用的是实名制，如果汇款人可以确定收款人的企业、姓名，应详细写明，如不能确定，则应指定收款人的姓名。

一些出纳人员在办理银行汇票时，如果所签发银行没有在银行开立存款账户，也可以办理现金汇票。使用现金办理汇票时，应在汇票委托书上的"汇款金额"大写栏先填写"现金"字样，在其后填写汇款金额，这样可以方便汇款人在银行支取现金。

"银行汇票委托书"一式三联，其中第一联是汇款人作为记账传票的证据，汇票将其作为存根保管；第二联是签发行办理汇票的传票，是收款人支取款额的凭证；第三联为收入凭证，由签发行作汇出汇款收入传票。当汇票申请人办理现金银行汇票时，第二联便可注销。"银行汇票委托书"的样式如表 6-3 所示。

表 6-3   **银行汇票委托书**

中国××银行汇票委托书（存根）

收款人				汇款人											
账号或住址				账号或住址											
兑付地点	省	市、县	汇款用途												
汇款金额	人民币 （大写）					百	十	万	千	百	十	元	角	分	
备注				科　　目＿＿＿＿＿＿ 对方科目＿＿＿＿＿＿ 财务主管　复核　经办											

二、商业汇票

1. 商业汇票的概念

商业汇票是指由付款人或存款人（或承兑申请人）签发，由承兑人承兑，并于到期日向收款人或被背书人支付款项的一种票据。所谓承兑，指汇款人到期时无条件支付票面金额的行为，付款人不能拖延或减少票面金额，按时、足额支付是汇款人的义务。

商业汇票根据承兑人不同，分为商业承兑汇票和银行承兑汇票两种。商业承兑汇票指由收款人签发，让付款人承兑，也可以由付款人签发和承兑的汇票；银行承兑汇票是指由收款人或承兑申请人签发，并由承兑申请人向开户银行申请，经银行审查同意承兑的汇票。

企业在选用商业汇票时，要根据购货企业的资金和信用来决定使用商业承兑汇票还是银行承兑汇票。因为二者的保证承度不同，银行承兑汇票的信用度更高，它的承兑人为银行，当企业不能支付票面金额时银行要按规定支付，相比商业承兑汇票更有保证。

2. 商业汇票结算的特点

（1）商业汇票比其他银行结算方式适用范围小，商业汇票只能用于商品交易的结算，劳务报酬、偿还债务、贷款等业务不能使用商业汇票结算，只有企业、事业单位之间进行合法的商品交易时才能使用商业汇票。

（2）商业汇票的使用对象限制性因素较多。商业汇票只有用于具有法人资格的企事业单位，个人、个体工商户、农村承包户及法人的附属企业因不具备法人资格，所以无权行使商业汇票进行结算。此外，使用商业汇票的对象还必须在银行开设账户，如果具备法人资格却没有银行账户也不能使用商业汇票进行结算。

（3）商业汇票的签发方式比较灵活，可以是付款人签发，也可以是收款人签发。这就对商业的承兑提出了更高的要求，商业汇票必须承兑，没有承兑的汇票没有法律效力。承兑人对收款人负有无条件的责任，到期时承兑人必须兑付款项，如果承兑人由于各种原因不能承兑，收款人可以按照汇票背书的顺序向前转入行使追索权，并且汇票上的所有关系都对汇票负有连带责任，商业汇票的期限一般为3~6个月，按规定不能超过9个月，在此期限内，承兑期限由交易双方商定。

（4）商业汇票还可以为企业补充资金，当企业及时使用资金时，便可持未到期的商业汇票到银行办理贴现，可以实现结算和银行资金融通相结合，更好地维持企业的生产经营。

（5）商业汇票使用方式灵活，没有地域限制，既可以是同城也可以是异地，而且没有结算起点的限制，企业可以根据需要进行结算。

（6）商业汇票采用记名制，允许背书转让。办理商业汇票结算时，应提前 10 天提示付款人。

3. 商业汇票的结算方式及其核算

（1）商业承兑汇票。商业承兑汇票是指由收款人签发，经付款人承兑或由付款人签发并承兑的汇票。

商业汇票签发后，付款人应将汇票交给收款人，收款人接收的汇票必须有付款人的"承兑"字样和银行印章。

付款人与收款人约定商业汇票的承兑日期后，付款人必须按约定履行承兑行为，承兑期前将票款足额存入银行，银行可以凭票将款额划给收款人或贴现银行。如果付款人不能足额支付票款，银行不对此负责，会将汇票退给收款人，由收付双方处理。同时付款人要向银行交纳签发空头支票的罚金。

出纳人员如果是商业汇票的付款方，承兑汇票后应做如下的账务处理：

①付款企业的账务处理。

【例 6-4】采购生产材料后，将签发的商业汇票交给售货企业后，出纳人员应作如下会计分录：

　　借：生产材料采购　　　　　　　　　　　×××

　　　　应交税费——应交增值税（进项税额）　×××

　　　　贷：应付票据——商业承兑汇票　　　　　×××

企业签发的汇票到期，收到开户银行的付款通知时，出纳人员应作如下会计分录：

　　借：应付票据——商业承兑汇票　　　　　×××

　　　　贷：银行存款　　　　　　　　　　　×××

②收款企业的账务处理。

【例 6-5】企业销售货物后收到购货企业的承兑商业汇票后，出纳人员应作如下会计分录：

　　借：应收票据——商业承兑汇票　　　　　×××

　　　　贷：应交税费——应交增值税（销项税额）　×××

　　　　商品销售收入　　　　　　　　　　　　　×××

　　商业汇票的收款人收到开户银行办理收款手续的通知后，应作如下会计分录：

　　　　借：银行存款　　　　　　　　　　　　　×××

　　　　　　贷：应收票据——商业承兑汇票　　　　　×××

　　（2）商业汇票的贴现。售货企业如果在经营中急需使用资金，也可以将未到期的汇票向开户银行申请贴现。所谓贴现，就是持有汇票的收款人将未到期的商业汇票交给银行，银行将票面金额扣除贴现日至汇票到期前一日的利息以后的款项支付给持票人。

　　【例 6-6】 某食品企业因资金周转需要，持一张 7 个月到期、面值为 20 万元的不带息银行承兑汇票向银行贴现。该汇票的出票日为 6 月 1 日，到期日为 12 月 31 日，企业于 10 月 1 日向银行贴现，银行的贴现率为 10%。

　　　　解：贴现息 = 200000 × 10% × (150/360) ≈ 8333（元）

　　　　　　贴现净额 = 200000 − 8333 = 191667（元）

　　企业收到款项时应作如下会计分录：

　　　　借：银行存款　　　　　　　　　　　　　191667

　　　　　　财务费用　　　　　　　　　　　　　8333

　　　　　　贷：应收票据　　　　　　　　　　　200000

　　12 月 31 日该汇票到期，如果承兑人没有按时支付票面额，银行按规定退回票据并寄来支款通知，出纳人员应作如下的会计分录：

　　　　借：应收账款　　　　　　　　　　　　　200000

　　　　　　贷：银行存款　　　　　　　　　　　200000

　　当已贴现的汇票到期，而承兑人又不能按时支付汇票面额时，银行将已贴现的金额做贷款处理，这时出纳人员应作如下会计分录：

　　　　借：应收账款　　　　　　　　　　　　　200000

　　　　　　贷：短期借款　　　　　　　　　　　200000

　　（3）银行承兑汇票。

　　银行承兑汇票是指由收款人或承兑申请人签发，并由承兑申请人向开户银行申请，经银行审查同意承兑的票据。

由银行承兑汇票的定义我们可以看出银行承兑汇票结算时，承兑人首先要向开户银行提出承兑申请，只有通过银行审查的商业汇票才可以作为银行承兑汇票。

承兑人通过银行审查后，需要与银行签订承兑契约。银行会在汇票上签字盖章，并用压数机压印汇票金额，同时银行会将承兑汇票和解讫通知交给收款人。承兑申请人按票面金额的5‰向银行缴纳手续费用，不足额10元的，承兑人按10元缴纳。

汇票到期时，收款人或被背书人要将银行承兑汇票、解讫通知及进账单交给开户银行办理转账。

按规定承兑申请人应在汇票到期前将票款足额存入银行，由银行代承兑人承兑汇票额。如果承兑人没有履行存款行为，则由承兑银行代为支付收款人的票面额。承兑申请人就需要向银行缴纳5‰的罚息，在一定期限内承兑申请人要足额支付应交款项。

无论是收款企业，还是付款企业的出纳员，在银行承兑了商业汇票后，都要及时进行账务处理，保证账簿的全面性。

①付款企业的账务处理。

【例6-7】企业签发银行承兑汇票，经开户银行承兑后交纳的承兑手续费，应作如下会计分录：

借：财务费用——手续费   ×××

 贷：银行存款   ×××

企业采购生产材料，将银行承兑汇票交给销货企业时，应作如下会计分录：

借：商品采购   ×××

 应交税费——应交增值税（进项税额）   ×××

 贷：应付票据——银行承兑汇票   ×××

企业承兑的汇票到期收到开户银行付款通知时，应作如下会计分录：

借：应付票据——银行承兑汇票   ×××

贷：银行存款   ×××

②收款企业的账务处理。

【例6-8】售货企业收到购货企业的银行承兑汇票时，应作如下会计分录：

  借：应收票据——银行承兑汇票   ×××

   贷：应交税费——应交增值税（销项税额） ×××

    商品销售收入   ×××

汇票到期，售货企业的出纳人员将银行承兑汇票和进账单到开户银行办理转账收款时，应作如下会计分录：

  借：银行存款   ×××

   贷：应收票据——银行承兑汇票   ×××

售货企业将银行承兑汇票背书转让给其他企业，用以支付购买商品的款项，出纳人员应作如下会计分录：

  借：商品采购   ×××

   应交税费——应交增值税（进项税额） ×××

   贷：应收票据——银行承兑汇票   ×××

随堂测试

1. 银行本票的概念。

2. 银行本票的规定。

◇ 第二堂 汇兑结算

  汇兑是汇款企业委托银行将款项汇往异地收款企业的一种结算方式，即汇款人将款项汇入银行由银行代理付款人汇给收款人，形式和到邮局邮寄物品或信件类似，写信人将信放到当地邮局，并向邮局缴纳一定的费用，然后由邮局将信运输到收信人附近的邮局，由收信人附近的邮局通知收信人接收信件。汇总的方式与此相同，只是汇总的对象是金钱。

  在电话和手机没有普及之前，邮局除了传递信件外，还有发电报的职能，电报的费用较高。在比较紧急的情况下才会采用电报。汇兑也可以分为信汇和电汇两种方式，信汇是汇款人向银行提出申请，由银行代替汇款人以邮寄的方式将款项汇给收款人当地的银行，汇款人要向银行缴纳一定的费用，汇入行则向收款人支付一定的金额。

信汇结算方式速度比较慢，费用比较低，有时不能满足企业的需求，就需要一种速度较快的结算方式出现，那就是电汇。电汇指汇款人将款项汇入银行，汇款银行电传给收款人附近的银行，指示汇入行向收款人支付一定金额的一种汇款方式，电汇与电报一样费用较高，只有在紧急的情况下才会使用。

汇兑结算与其他结算相比，具有应用范围广、操作简单、形式灵活等优点。目前已成为一种应用极广泛的结算方式，为了规范汇兑结算方式，《银行结算法》等对其进行了法律规定，汇兑人员应按这些规定操作。

1. 汇兑规定

（1）汇兑结算没有金额起点的限制，不论汇款金额是多少都可以办理信汇或电汇。

（2）汇款人办理"现金"汇兑时应该在汇款凭证上"汇款金额"的大写金额栏中写上"现金"字样。如果信汇或电汇凭证上没有填写"现金"字样，收款人需要支取现金时，应该向汇入银行提出申请，由汇入银行按照现金管理条例的规定审查支付，如果收款人只支取部分现金，可以向汇入银行提交取款凭证和存款凭证办理部分现金支付手续。

（3）一些企业办理汇兑业务时，有一种名为留行待取的业务。此业务办理时需要汇款人在汇兑凭证各联的"收款人账号或地址"栏中写明"留行待取"。采用信汇方式办理时，应在信汇凭证的第四联上加盖收款人的印鉴。收款人支取款额时要携带本人身份证件或其他足以证明自己身份的证明到银行支取款项。

（4）收款人因个人需要采用部分支取的情况下，应向汇入银行说明情况，经汇入银行审核通过后，可以在银行以收款人的名义设立临时存款账户，按规定此账户只向收款人支付款额，不办理存款业务，直到款额取走为止。

（5）收款人根据需要办理转汇时，不能直接转账，需要向汇入银行重新办理汇款手续，但是凭证上的收款人姓名和金额用途不能改变，当汇入银行在信汇凭证或电汇凭证上加盖"转汇"戳记时，便可转账。

2. 汇兑结算方式下办理退汇的方法

汇款人因一些业务原因在款项发出后会要求银行办理退汇，那么出纳人员应该怎样到银行办理退汇呢？

汇款人办理退汇时，应该分情况办理：

（1）直接汇款给收款企业，没有银行参与的汇款；办理退汇时，汇款人只需联系收款人即可，银行不受理。

（2）汇款时由银行参与的，汇款人办理退汇时，应持有汇款企业公函或持本人身份证件连同原信汇、电汇凭证回单交汇出银行申请退汇，由汇出银行通知汇入银行，经汇入银行查实汇款确未解付，方可办理退汇。

（3）当汇入款项已被收款人支取时，汇款人要与收款人联系办理退款手续，银行不再介入。

◆ 如果汇款被收款企业拒绝接受的，由汇入银行立即办理退汇。汇款超过两个月，收款人尚未来汇入银行办理取款手续或在规定期限内汇入银行已寄出通知但由于收款人地址迁移或其他原因致使该笔汇款无人受领时，汇入银行主动办理退汇。

汇款企业收到汇出银行寄发的注有"汇款退回已代进账"字样的退汇通知书第四联（适用于汇款人申请退汇）或者由汇入银行加盖"退汇"字样，汇出银行加盖"转讫"章的特种转账贷方凭证（适用于银行主动退汇）后，即表明汇款已退回本企业账户。财务部门即可据此编制银行存款收款凭证，其会计分录则与汇出时银行存款付款凭证会计分录相反。

随堂测试

1. 汇票的概念。

2. 办理退汇的方法。

◇ 第三堂　委托收付款结算

一、委托收款结算

1. 委托收款的概念

委托收款顾名思义就是委托他人收取款项的行为，专业地讲，委托收款结算是收款人向银行提供收款依据，委托银行向付款人收取款项的一种结算方式，分为委电和委邮两种方式。

委托收款因其简便、灵活成为一种广泛应用的结算方式。只要在银行开设账户，无论个人或企业都可以委托银行办理收款结算，较为常见的收款项目有银行收取水费、电费、电话费、邮费、煤气费。委托收款不仅适用范围广，而且没有起始金额的限制，收款企业发生的多种应收款项，银行都可以办理，办理时不受地点限制，可以跨区域办理。

出纳人员办理委托收款时，应该对合作方的信用有所了解，因为银行只负责收款不负责监督，所以收款企业在选择此结算方式时要谨慎，不能依赖银行去调查付款方的信用状况。如果收款企业轻信他人将货物送出而没有收到相应的款项，就要自行承担损失。

委托收款结算分为七步，出纳人员只要按这七步进行，便可完成委托收款结算的工作，程序如图 6-6 所示。

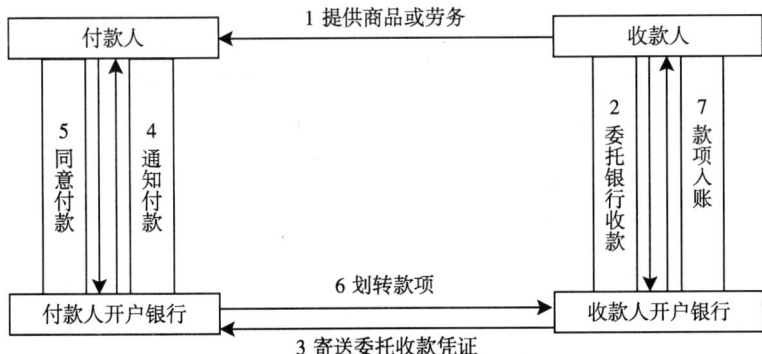

图 6-6　委托收款结算程序图

2. 托收手续的办理

委托结算方式分为"委邮"和"委电"两种，收款人办理委托收款时，根据需要填写委邮或委电收款凭证，这两种结算凭证都是一式五联，其中前三联和第五联的内容相同，只有第四联的内容略有不同，第一联为银行盖章后退给收款企业的回单，第二联是收款人开户行的收入传票，第三联为付款人银行的付出传票，第五联为银行给付款企业的付款通知单，委邮的第四联为收款企业开户行给收款人的收账通知，委电的第四联为付款企业开户行向收款企业发出的电报。表6-4为结算凭证的第一联：

表6-4　　　　　　　　　　　　结算凭证

委电　　委托银行收款结算凭证（回单）1 委托号码：

委托日期　年 月 日　　第　号

收款企业	全　称			付款企业	全　称	
	账　号				账号或地址	
	开户银行		行号		开户银行	
委托金额	人民币（大写）					
款项内容		委托收款凭据名称		附寄单证张数		
备注：			款项收妥日期		（开户行盖章）	
	电划			年 月 日		年　月　日

企业主管：　　　　会计：　　　　复核：　　　　记账：

◆ 收款企业的出纳人员办理结算凭证应遵循真实、全面的原则进行填写，凭证上的收款企业名称、账号、开户银行，付款企业的名称、账号或地址、开户银行，委托金额大小写，款项内容（如贷款、劳务费等）等内容都填写清楚，这样方便银行审查。按规定，凭证的第二联上要加盖申请企业的印章。

收款企业通过银行的审查后，会收到银行加盖印章的凭证第一联和发票，出纳人员要根据这些票据编制记账凭证。

【例6-9】大智公司向瑞明公司销售商品200000元，采用委托收款方式结算，并用现金支付手续费4.5元。出纳人员小李将委托收款手续办理妥当后，根据银行盖章退回的委托收款凭证第一联和发票等原始凭证编制转账凭证，其会计分录如下：

借：应收账款——大智公司   200000

 贷：产品销售收入   170940

   应交税费——应交增值税（销项税额） 29060

对于银行按规定收取的手续费，应根据收据收费编制现金付款凭证，其会计分录为：

借：财务费用   4.5

 贷：现金   4.5

3. 委托收款结算方式下怎样办理付款手续

付款人接收到银行寄来的付款通知后，应该怎样办理付款手续呢？首先，作为一位出纳人员应该对银行寄来的资料进行核查，核查内容收款凭证的对象是否正确，是否应该由本企业受理，凭证内容是否填写正确，出纳人员还应重点计算一下委托收款金额和本企业实际支付的金额是否一致，如果出纳人员发现明显的计算错误，出纳人员要填制一份"多付款理由书"，在付款期满前将多付款项一起交与银行。银行会对其进行审查，审查无误后，银行会将多付款理由书加盖有"转讫"字样通知收款企业。

目前银行规定的付款期为3天，付款人在付款期内，没有发现问题的，银行会主动将款项划给收款人。

【例6-10】 大智公司采用委托收款方式购买瑞明公司商品200000元（含税价，税率为17%），根据银行转来的委托收款凭证第五联及有关单证，编制银行存款付款凭证，其会计分录为：

借：商品采购   170940

  应交税费——应交增值税（进项税额） 29060

 贷：银行存款   200000

开阳公司采用委托收款方式购买东方公司钢铁产品，委托收款凭证注明委收金额60000元，因开阳公司需要补充购买该产品20000元，故要求办理多付款手续。财务部门根据委托收款凭证第五联和有关单证编制银行存款付款凭证，其会计分录为：

借：商品采购 　　　　　　　　　　　　　　　　51282

应交税费——应交增值税（进项税额）　　　　8718

贷：银行存款 　　　　　　　　　　　　　　　60000

同时根据委托收款凭证第五联和银行盖章退回的"多付款理由书"第一联编制银行存款付款凭证，其会计分录为：

借：预付账款——大绘公司 　　　　　　　　　　20000

贷：银行存款 　　　　　　　　　　　　　　　20000

收到大绘公司的发票账单等凭证时，其会计分录为：

借：商品采购 　　　　　　　　　　　　　　　　17094

应交税费——应交增值税（进项税额）　　　　2906

贷：预付账款——大绘公司 　　　　　　　　　20000

4. 委托收款结算方式下怎样办理全部拒付和部分拒付手续

企业间进行商品交易时难免会发生一些意外，如付款人对收款企业所发产品不满意或认为不符合合同时，付款人有权向收款企业提出拒付或部分拒付。这种情况下出纳人员应该在付款期满前向委托银行出示"委托收款结算全部或部分拒绝付款理由书"，将其与有关证件交给开户银行。

"拒绝付款理由书"共分为四联，包括支款通知（第一联）、支款凭证作（第二联）收款凭证（第三联）、代通知或收账通知（第四联）。表 6-5 为"拒绝付款理由书"的第四联。

◆ 出纳人员填写"拒绝付款理由书"时，除了将基本内容填写清楚外，还应在理由书中将全部拒付与部分拒付填写清楚。如果企业是全部拒付，则应在"拒付金额"栏中填写相应的数字，同时部分拒付栏中的金额部分应填写为零。

如果付款企业是部分拒付金额，则应在"部分付款金额"栏中填写拒绝支付的金额，并说明拒绝的理由。出纳人员填完"拒绝付款理由书"后，一定要加盖付款企业公章，并填写拒付日期。

付款企业在处理拒绝款项的账务时，部分拒付与全部拒付的方法不同，

表 6-5 **拒绝付款理由书**

全部

表 （四联）	委托收款结算	拒绝付款理由书
	部分	原委托号码
	（代回单或支款通知）	

拒付日期 年 月 日

收款人	全称			付款人	全称		
	账号				账号		
	开户银行		行号		开户银行		行号
委托金额		部分承付金额（大写）		部分承付金额		千百十万千百十元角分	
附寄证件张数							
拒付理由：		（付款企业签单）		科目（借） 对方科目（贷） 转账日期			

企业主管： 会计： 复核： 记账：

因为全部拒绝支付款，并没有使企业的资金发生变动，出纳人员不必编制会计凭证，也不必登记账簿，只要妥善保管即可。同时要详细记录已发货物的有关情况。

部分拒绝支付款项时，出纳人员需要根据银行退回的"拒绝付款理由书"第一联，编制会计分录。

【例 6-11】明月公司收到开户银行转来大常公司的委托收款凭证及有关单证后，经过审查只承付其中的 200000 元，对其余 10000 元拒绝付款，按规定填写"拒绝付款理由书"并送银行办理有关手续后，根据银行盖章退回的"拒绝付款理由书"第一联编制银行存款付款凭证，其会计分录为：

借：商品采购 170940

应交税费——应交增值税（进项税额） 29060

贷：银行存款 200000

收款企业收到开户银行转来的付款企业的委托收款凭证第四联和"拒绝付款理由书"第四联（如部分拒付款项的还附有拒付部分商品清单及有关单证），应立即与付款企业取得联系，协商解决方法，对于全部拒付的，如果由付款方退回所购货物，收款企业应编制转账凭证，冲减原有销售收入，其会计分录为：

  借：产品销售收入   ×××

    应交税费——应交增值税（销项税额） ×××

    贷：应收账款   ×××

  如果收款企业出于商业目的，给予对方一定的销售折扣，收款企业需要重新办理委托收款手续，冲减原来的销售收入，重新处理委托收款凭证。

  【例6-12】 汇聚公司采用委托收款方式向金业公司销售商品100000元，金业公司以商品品种不符合要求予以全部拒付，经过协商，汇聚公司同意给予金业公司10%的销售折让，汇聚公司重新办理委托收款手续。这时金业公司首先应根据"拒付理由书"等有关凭证编制转账凭证，冲销原有的销售收入，然后按新的委托收款凭证重新确定销售收入。冲销时，其会计分录为：

  借：产品销售收入   85000

    应交税费——应交增值税（销项税额） 15000

    贷：应收账款——金业公司   100000

  按照新的委托收款凭证确定销售收入，其会计分录为：

  借：应收账款——汇聚公司   90000（100000-100000×10%）

    贷：产品销售收入   86000

      应交税费——应交增值税（销项税额） 4000

  实际收到款项时，按实际收到金额编制银行存款收款凭证，其会计分录为：

  借：银行存款   90000

    贷：应收账款——金业公司   90000

  对于部分拒付的款项，应于实际收到付款企业所付部分款项时，编制银行存款收款凭证，其会计分录为：

  借：银行存款

    贷：应收账款——××企业

  对方拒付后退回拒付部分的货物，应编制转账凭证，冲销拒付部分的销售收入，其会计分录为：

借：产品销售收入或商品销售收入等

　　应交税费——应交增值税（销项税额）

贷：应收账款——××企业

如果经过协商，对于拒付部分给予销售折让的，可重新办理委托收款手续，其处理方法与全部拒付相同。

5. 委托收款结算方式下无款支付时怎么办

付款人采用委托收款结算方式时，应保证银行存款资金充足，如果银行代理付款人办理支付结算时，遇到付款人的存款不足或无款支付的情况，银行将在第二天上午营业时，通知付款人将有关单证在两日内退回，银行也会把有关凭证退回收款人。如果付款企业已将单证进行了账务处理，付款人应填写"应付款项证明单"送交开户银行。

"应付款项证明单"一式两联，第一联收款企业作为应收款项的凭据，第二联由付款企业留存作应付款项的凭据，其基本格式如表6-6所示。

表6-6　　　　　　　　　　　　　　　应付账款证明单

应付款项证明单1

年　月　日　　　　　　　第　号

收款人名称		付款人名称	
单证名称		单证编号	
单证日期		单证内容	
企业未退回原因：		我企业应付款项： 人民币（大写） 付款人盖章	

◆ 付款企业的出纳员应认真逐项填写收款人名称、付款人名称、单证名称、单证编号、单证日期、单证内容等项目内容，保证这些信息的正确性。

对于单证已作账务处理或部分付款的情况，出纳人员应在单证未退回原因栏中详细写明原因，同时还要在"我企业应付款项"栏中使用大写的形式填写应付给收款企业的金额，如果付款企业暂时无力支付应付款项，则应在"我企业应付款项"栏内填写与委托银行付款相同的金额，如果已部分付款，则在"我企业应付款项"栏内应填写委托付款金额减去已付款的余额，同时加盖公章。

经银行审核无误后，银行会将收款凭证和有关单证转交给收款企业。如果遇到不能付款但货物已收到的情况，出纳人员应编制相关的转账凭证，会计分录如下：

借：材料采购或商品采购等

　　贷：应付账款——××企业

如果付款企业已部分支付款项，则出纳人员应编制银行存款付款凭证，会计分录如下：

借：材料采购或商品采购等

　　贷：银行存款

同时按未付款金额编制转账凭证，会计分录为如下：

借：材料采购或商品采购等

　　贷：应付账款——××企业

【例6-13】 大兴公司采用委托收款方式购买日月公司商品200000元，付款期满，大兴公司账户内无款支付，而所购商品已经收到，则大兴公司财务部门应编制转账凭证，其会计分录为：

借：商品采购　　　　　　　　　　　　　　　　170940

　　应交税费——应交增值税（进项税额）　　　29060

　　贷：应付账款——日月公司　　　　　　　　　200000

【例6-14】 大兴公司采用委托收款方式购买日月公司某产品，委托收款凭证金额65000元，付款期满，其银行账户内只有存款55000元，已经划付，尚欠10000元，按规定填制"应付款项证明单"，送开户银行转收款企业，财务部门应按照已付款金额编制银行存款付款凭证，其会计分录为：

借：商品料采购　　　　　　　　　　　　　　　47009

　　应交税费——应交增值税（进项税额）　　　7991

　　　贷：银行存款　　　　　　　　　　　　　　55000

同时按照应付款金额编制转账凭证，其会计分录为：

借：材料采购　　　　　　　　　　　　　　　　8547

应交税费——应交增值税（进项税额）　　　　　1453

　　贷：应付账款——日月公司　　　　　　　　　10000

　　付款人收到银行退票后，应及时办理相关手续，如果付款人没有在规定的期限内退回单证或"应付款项证明单"，将会受到开户银行的处罚，银行将收取支票额0.5‰但不低于5元的罚款。付款企业的出纳人员缴纳罚款后，应编制银行存款付款凭证，其会计分录为：

　　借：营业外支出　　　　　　　×××

　　　　贷：银行存款　　　　　　×××

二、托 收 承 付

　　如果询问一家企业的老总最怕什么，他的回答肯定与资金有关，资金周转是一个企业生产经营活动的主要动力，没有资金，企业就如同无水之鱼。企业间进行交易时，并不一定能做到一手交钱，一手交货，有时为款到发货，有时为货到付款。买方市场日益形成的今天，货到付款的方式在商品交易活动中更为常见，这样就给售货企业带来一定的风险，如果购买方不能按合同付款，售货方就会面临资金周转困难等一系列问题。为了敦促购买方的付款，销售方可以通过第三者——银行来帮助监督购买方的付款行为，由此产生了托收承付结算方式。

　　托收承付结算指根据购销合同由收款人发货后委托银行向异地购货企业收取货款，购货企业根据合同核对单证或验货后，向银行承认付款的一种结算方式。

　　◆ 托收承付方式主要适用于异地签有经济合同的商品交易和相关劳务活动，现在企业之间的商品代销、寄销和赊销商品行为不适用此结算方式，简单地理解就是我们到超市购买商品就需要立即付款的行为属于此列，如果到附近小店赊账购买的商品就不属于此列。

　　办理异地托收承付结算有两种收款方式：一种是银行邮寄，一种是电报通知。邮寄与电报各自的优势与前面所讲的电汇和邮汇相同。邮寄价格便宜，速度较慢；电报价格较高，速度较快，办理人可以根据企业的需要自由选择。

出纳人员办理异地托收承付时，如果选择邮寄方式，则需要填写邮寄结算凭证。邮寄结算凭证为一式五联，第一联为开户行给收款人的回单，第二联是收款凭证，第三联为付款人的支款凭证，第四联为收款通知，第五联为支款通知。

按现行规定办理托收承付的金额须在 10000 元以上银行才会受理，这样也是为了减轻银行托收承付的工作压力，提高工作效率。办理托收承付时，出纳人员应该掌握好时间，因为银行只有在收款人取得货物发运证明后，才受理托收，如果收款方没有按合同发货，属于违约行为，银行有权拒绝收款人的托收请求，收款员须向银行出示商品确已发运的证明（包括铁路、航运、公路等运输部门签发的运单、运单副本和邮局包裹回执等）。

◆ 付款方收到银行发来的承付通知时，须在接到通知的 3 日内，全额付款。如果付款人采用的是验货承付，即商品全部运达且验收入库后才承付款项的结算方式，此结算方式的期限为 10 日，10 日内如果付款人没有提出异议，便可按规定付款。

如果付款方发现销售方发来商品的品种规格、数量、质量、价格等不符合合同规定，可以在付款期内提出全部或部分拒付意见。付款方出纳人员可以在付款期内到开户行填写"拒绝付款理由书"。

如果付款方没有按时足额支付金额，延期部分要按比例支付给收款方赔偿金。

出纳人员在对托收承付结算方式的结算程序和账务处理方法可以参照委托收款结算方式，两者基本相同。

1. 托收承付的结算方式

（1）收款人发出商品。

（2）收款人委托银行收款。

（3）收款人开户行将托收凭证传递给付款人开户行。

（4）付款人开户行通过付款人承付。

（5）付款人承认付款。

（6）银行间划拨款项。

（7）通知收款人货款收妥入账。

2. 购货单位如何办理托收承付拒绝付款事务

购货企业在承付期内发现销货企业有以下行为的可以向银行提出全部或部分拒绝付款。按《支付结算办法》的规定，购货企业拒绝付款的理由如下：

（1）没有签订购销合同或未定明异地托收承付结算方式购销合同的款项。

（2）未经双方事先达成协议，收款人提前交货或因逾期交货付款人不再需要该项货物的款项。

（3）未按合同规定的到货地址发货的款项。

（4）代销、寄销、赊销商品的款项。

（5）验单付款，发现所列货物的品种、规格、数量、价格与合同规定不符的款项。

（6）验货付款，经查验货物与合同规定或与发货清单不符的款项。

（7）货款已经支付或计算有错误的款项。

购货企业办理拒付款时要认真核查对方的行为是否属于以上范围。如果对方的行为确属于以上范围，购货企业的出纳人员可以向开户银行提出拒付款申请，并填写"拒绝付款理由书"。

"拒绝付款理由书"一式四联。第一联是银行给付款人的回单或支款通知，第二联为银行向付款方发出的支款，第三联为银行收到付款时的收款凭证，第四联代为银行发送给收款人的收款通知或拒付通知书。表6-7是第四联的基本格式。

◆ 购货企业的出纳人员处理拒付款额时要认真填写"拒绝付款理由书"，特别是要详细填写拒绝付款的理由。付款方的理由不充分或拒绝理由不清晰时，银行不会受理购货企业的拒付款要求。

如果对方有违反合同的行为，填写拒付理由时，还应引证合同上的相关条款。对于一些需要出具相关数据或检验证明的，出纳人员要在"拒绝付款理由书"中注明，如属于商品质量问题，出纳人员需要出示相关部门的检验证明，权威机关的证明更客观，更有信服力。

表6–7

理由书

全部

表　　　托收承付结算　　　　　拒绝付款理由书

（四联）　　　　　部分　　　　　　原托收号码

（代回单或支款通知）

拒付日期　年　月　日

收款人	全称			付款人	全称		
	账号				账号		
	开户银行	行号			开户银行		行号	
委托金额		部分承付金额（大写）		部分承付金额	千百十万千百十元角分		
附寄证件张数或张数							
拒付理由：			（付款企业签单）	科目（借） 对方科目（贷） 转账日期			

企业主管：　　　　　会计：　　　　　复核：　　　　　记账：

随堂测试

1. 委托收款的概念。

2. 委托收款的结算方式。

◇ 第四堂　信用卡结算

信用卡是指由银行或专营机构签发，可在约定银行或部门存取现金、购买商品及支付劳务报酬的一种信用凭证。持卡人可在同城和异地凭卡支取现金、转账结算和消费等。

银行对企业信用卡和个人信用卡的申领条件和方式不同，我们主要来讲企业信用卡的申领和使用。

按《支付结算办法》的规定，申领企业信用卡的用户，必须在中国境内的银行开设账户，并且要在银行存储一笔备用金。企业信用卡可以申领数张，持卡人由企业书面指定或注销。出纳人员使用企业信用卡时，不能将销售收入存入信用卡账户，信用卡资金只能从基本存款账户转入。按规定出纳人员使用企业信用卡结算时，结算额度不能超过10万元，且企业信用卡一律不得支取现金。持卡人如果超过规定限额或规定期限，经银行催收无效的透支行为，属于恶意透支行为，对于恶意透支行为银行会采取相应的处罚措施，根据《支付结算办法》规定，信用卡可以透支，但是必须在一定的限额内。金卡最高不得超过 10000 元，普通卡最高不得超过 5000 元，透支期限最长为 60 天。

持卡人不再使用信用卡时，应该主动到发卡银行办理销户手续，因为信用卡需要交付年费，如果持卡人不及时销户，就会增加费用，另外信用卡如果保管不善，很可能被他人恶意透支。出纳人员注销企业信用卡时，如果卡内还有余额可以将余额转入存款账户。

持卡人还可在以下情况下办理销户：持卡人已持卡 45 天，不计划更换新卡；信用卡丢失后，挂失期满 45 天且不更换新卡；持卡人违反相关规定，发卡银行取消持卡人资格的都可以办理销户。

现在银行可以通过电话销户，出纳人员通过电话销户后，要用剪刀将信用卡剪掉一角，一个月内残卡要妥善保存，因为银行在一个月后才会将账户关闭，其间要防止他人盗用信用卡信息。

◆ "百密难免一疏"，出纳人员如果因一时疏忽丢失了信用卡，应该及时办理挂失，银行现行规定，信用卡丢失造成的损失由持卡人自行承担，而挂失后造成的损失由银行承担。

现实中因信用卡丢失而被狂刷的事情并不少见，出纳人员要提高警惕。办理挂失一定要及时，即使是晚上丢失了信用卡，最好也不要拖到第二天，现在一些人的作案手段非常高明，可以在极短的时间内从卡里划走大量资金。如果银行已经停业，可以通过银行的服务热线进行口头挂失，只要将持卡人的账号、身份证号等信息提供给热线人员即可。挂失后的第二天最好到银行营业厅补办挂失手续，这样才能保证信用卡的账户安全。

随堂测试

1. 信用卡的概念。

2. 信用卡的结算规定。

周日　掌握申报税务的技巧

上午　纳税要厚积薄发

◇ 第一堂　出纳必备税务知识

一、国税地税，泾渭分明

我国目前共有 24 个税种。24 个税种分为中央税、地方税及中央与地方共享税，为了适应分税制的要求，分别由国家税务机关和地方税务机关负责征收，由此产生了国税与地税之分。

国税，由国税局征收，是用来维护国家权益、实施宏观调控所必需的税种，主要负责征收中央税、中央与地方共享税。如消费税、关税，以及关乎国计民生的主要税种的部分税收，如增值税。

地税，由地税局征收，主要负责适合地方征管的税种以增加地方财政收入，如营业税、耕地占用税、车船税。

中央与地方共享税，由国税局征收，共享税中地方分享的部分，由国税局直接划入地方金库。

国税、地税之间的征收管理分工：

（1）国税的征收范围。包括国内消费税，增值税，关税，消费税，车辆购置税，铁道部门、各银行总行、金融、保险总公司缴纳的部分营业税、企业所得税、城市建设维护税，海关代征增值税，中央企业缴纳的所得税，中央与地方所属企业、事业单位组成的联营企业、股份制企业缴纳的所得税，地方银行、非银行金融企业缴纳的所得税，海洋石油企业缴纳的所得税、资源税，外商投资企业和外国企业所得税，储蓄存款利息所得个人所得税，证券交易税（开征之前为对证券交易征收的印花税），个人所得税中对储蓄存款利息所得征收的部分，中央税的滞纳金、补税、罚款等。

（2）地税的征收范围。包括除上述行业以外的营业税，城市维护建设税（不包括上述由国家税务局系统负责征收管理的部分），地方国有企业、私营企业、集体企业缴纳的所得税、个人所得税（不包括对银行储蓄存款利息所得征收的部分），资源税，城镇土地使用税，土地增值税，耕地占用税，房产税，城市房地产税，车船使用税，印花税，筵席税，契税，农业税、牧业税及其地方附加税，屠宰税，地方税的滞纳金、补税、罚款等。

（3）中央政府与地方政府共享税的征收范围。包括国内增值税，营业税，企业所得税、外商投资企业和外国企业所得税，个人所得税等。

为便于税收征收管理，降低征收成本，在某些特殊情况下，国家税务局和地方税务局可以委托对方代收某些税收。

因此，当纳税人涉及具体税种以应向哪个税务系统缴纳问题时，应以当地主管国家税务机关和地方税务机关的具体要求为准。

二、纳税申报的期限

纳税期限是纳税人据以计算应纳税额的时间界限，报缴期限是从纳税期限届满之日纳税人缴纳税款的时间界限，纳税申报的期限决定于纳税期限的长短以及报缴税款次数的多少。由于不同税种所规定的纳税期限不同，所以申报时间也不同。

按照现行税收法律和法规的规定，我国现行税种的纳税申报期限概括如下：

（1）增值税、消费税。增值税、消费税的纳税期限为 1 天、3 天、5 天、10 天、15 天或者 1 个月。缴纳增值税、消费税的纳税人，以 1 个月为一期纳税的，自期满之日起 10 日内申报纳税；以 1 天、3 天、5 天、10 天、15 天为一个期限纳税的，自期满之日起 5 日内预缴税款，于次月 10 日内申报并结清上月应纳税款。

纳税人进口货物的，应当自海关填发税款缴纳凭证的次日起 7 日内缴纳税款。

（2）营业税。营业税的纳税期限为"月"、"季"、"半年"、"次"；申报期限和缴纳期限为"月后 10 日"、"季后 10 日"、"半年后 10 日"。

纳税人以 1 个月为一期纳税的，自期满之日起 10 日内申报纳税；以 5 日、10 日或者 15 日为一期纳税的，自期满之日起 5 日内预缴税款，于次月一日起 10 日内申报纳税并结清上月应纳税款。扣缴义务人的解缴税款期限，比照前两款的规定执行。

银行、财务公司、信托投资公司、信用社等从事金融业的纳税人的纳税期限为 1 个季度，其他从事金融业的纳税人的纳税期限为 1 个月。保险业的纳税期限为 1 个月。

（3）企业所得税。企业所得税的纳税人应在月份或者季度终了后 15 日（当地税务机关确认按月缴纳的，次月 10 日）内为缴纳期限，向其所在地主管国家税务机关办理预缴所得税申报；内资企业和外商投资企业、外国企业分别在年度终了后 45 日和 4 个月内向其所在地主管国家税务机关办理所得税申报。

（4）个人所得税。除特殊情况外，扣缴义务人每月所扣的税款，自行申报纳税人每月应纳的税款，都应当在次月 7 日内缴入国库，并向税务机关报送纳税申报表。

具体规定如下：

①工资、薪金所得的应纳税款，由扣缴义务人或者纳税义务人在次月 7 日内缴入国库，并向税务机关报送纳税申报表。采掘业、远洋运输业、远洋

捕捞业等特定行业的纳税人，特定行业的工资、薪金所得应纳的税款，可以实行按年计算、分月预缴的方式计征，具体办法由国务院规定。

②对于账册健全的个体工商户，其生产、经营所得应纳的税款实行按年计算、分月预缴，由纳税人在次月7日内申报预缴，年度终了后3个月汇算清缴，多退少补。

对账册不健全的个体工商户，其生产、经营所得的应纳税款，由税务机关依据《税收征收管理法》确定征收方式，对于新疆地税实行"定期定额"征收方式的纳税人缴纳的个人所得税，依照流转税规定的期限一并申报。

③纳税人年终一次性取得承包经营、承租经营所得的，按年计算，由纳税义务人在年度终了后30日内缴入国库，并向税务机关报送纳税申报表。纳税义务人在一年内分次取得承包经营、承租经营所得的，应当在取得每次所得后的7日内预缴，年度终了后3个月内汇算清缴，多退少补。

④劳务报酬、稿酬、特许权使用费、利息、股息、红利、财产租赁、财产转让所得和偶然所得等，按次计征。取得所得的纳税人应当在次月7日内将应纳税款缴入国库，并向税务机关报送个人所得税纳税申报表。

⑤从中国境外取得所得的纳税义务人，应当在年度终了后30日内，将应纳的税款缴入国库，并向税务机关报送纳税申报表。

依据：《个人所得税法》和2007年6月29日第十届全国人民代表大会常务委员会第二十八次会议《关于修改〈中华人民共和国个人所得税法〉的决定》第四次修正。

（5）其他税种。已明确规定纳税申报期限的，应按税法规定的期限申报。未明确规定申报期限的，应按主管国家税务机关根据实际情况确定的期限申报。

纳税人办理纳税申报期限的最后一日，如遇公休、节假日可以顺延。

如由于某种特殊原因，纳税人不能按期申报、扣缴义务人不能按期报送的，需经国税局、地税局核准，在核准的期限内办理，才可以延期申报，但不能超过3个月。

三、纳税的程序及所需资料

（1）纳税人到主管税务机关办理纳税申报。

（2）纳税人领取并如实填写纳税申报表后，将有关资料和证件报送主管征管分局办税大厅相关纳税申报窗口。

（3）办税大厅各纳税申报窗口具体负责接收纳税人、扣缴义务人通过各种方式报送的资料。对符合要求的，由受理人签署姓名和受理日期，并退还一份给申报人。

对上门申报的，受理人在收到申报表、报告表等相关报送资料后及时对这些资料的填写进行逻辑审核。对符合要求的，由受理人签署姓名和受理日期，并退还一份给申报人。

（4）不能按期办理纳税申报或者报送代扣代缴、代收代缴税款报告表的纳税人、扣缴义务人，经税务机关批准后，可延期申报。

（5）纳税人办理纳税申报时，应当如实填写纳税申报表，并根据不同情况相应报送下列有关证件、资料：

①与纳税有关的合同、协议书。

②财务、会计报表及其说明材料。

③境内或者境外公证机构出具的有关证明文件。

④外出经营活动税收管理证明。

⑤税务机关规定应当报送的其他有关证件、资料。

⑥税控装置的电子报税资料。

其中，相关主要税种要求报送的附报资料有：

企业所得税应当附报：

A. 与纳税有关的合同、协议书及有关证明文件；

B. 企业所得税月度、季度申报表的附表；

C. 其他相关资料。

营业税应当附报：

A. 税控装置的电子报税资料；

B. 相关行业开具的发票存根联或清单；

C. 其他相关资料。

随堂测试

1. 纳税申报的期限。

2. 纳税申报的程序。

◇ 第二堂　管理发票

发票是指在购销商品、提供或者接受劳务以及从事其他经营活动中，开具、收取的收付款凭证。它是消费者的购物凭证，是纳税人经济活动的重要商事凭证，也是财政、税收、审计等部门进行财务税收检查的重要依据。

发票主要分为普通发票和增值税专用发票。普通发票主要适用于营业税纳税人和增值税纳税人。普通发票为一式三联：第一联是由开票方留存的存根联，第二联为收票方作为付款或收款的原始凭证，称为发票联，第三联是开票方的记账凭证。出纳人员收到发票时要认真核对保证发票信息的真实性。普通发票的基本格式如表7-1所示：

表7-1　　　　　　　　　发票的基本格式

××省××市服务业统一发票

涉税举报电话　　　　　　　　　发 票 联　　　　　　　　　　　　123456

本发票于××年 ×月 ×日前开具有效。　　　　　发票代码：156700769875

发票号码：00134589　　　　　　　　　　　　开票日期：　年 月 日

付款户名				付款方式							
服务项目及摘要	单位	数量	单价	金　　额							备注
				万	千	百	十	元	角	分	
合计人民币（大写）　万 仟 佰 拾 元 角 分											

1. 开具发票时的规定

出纳人员开具发票时要按《中华人民共和国发票管理办法》的规定执行，规定如下：

（1）在销售商品、提供服务以及从事其他经营活动对外收取款项时，应向付款方开具发票。特殊情况下，由付款方向收款方开具发票。

（2）开具发票应当按照规定的时限、顺序、逐栏、全部联次一次性如实开具，并加盖企业财务印章或发票专用章。

（3）使用计算机开具发票，须经国税机关批准，并使用国税机关统一监制的机外发票，并要求开具后的存根联按顺序号装订成册。

（4）发票限于领购的企业和个人在本市、县范围内使用，跨出市县范围的，应当使用经营地的发票。

（5）开具发票企业和个人的税务登记内容发生变化时，应相应办理发票和发票领购簿的变更手续；注销税务登记前，应当缴销发票领购簿和发票。

（6）所有企业和从事生产、经营的个人，在购买商品、接受服务，以及从事其他经营活动支付款项时，向收款方取得发票，不得要求变更品名和金额。

（7）对不符合规定的发票，不得作为报销凭证，任何企业和个人有权拒收。

（8）发票应在有效期内使用，过期应当作废。

2. 领购发票时的规定

普通发票的领购时，出纳人员要按《发票管理办法》执行，规定如下：

（1）依法办理税务登记的企业和个人，在领取税务登记证件后，向主管税务机关申请领购发票。

申请领购发票的企业和个人应当提出购票申请，提供经办人身份证明、税务登记证件或者其他有关证明，以及财务印章或者发票专用章的印模，经主管税务机关审核后，发给发票领购簿。

（2）领购发票的企业和个人应当凭发票领购簿核准的种类、数量以及购票方式，向主管税务机关领购发票。

（3）需要临时使用发票的企业和个人，可以直接向税务机关申请办理。

临时到本省、自治区、直辖市行政区域以外从事经营活动的企业或者个人，应当凭所在地税务机关的证明，向经营地税务机关申请领购经营地的发票。

临时在本省、自治区、直辖市以内跨市、县从事经营活动领购发票的办法，由省、自治区、直辖市税务机关规定。

（4）税务机关对外省、自治区、直辖市来本辖区从事临时经营活动的企业和个人申请领购发票的，可以要求其提供保证人或者根据所领购发票的票面限额及数量交纳不超过一万元的保证金，并限期缴销发票。

按期缴销发票的，解除保证人的担保义务或者退还保证金；未按期缴销发票的，由保证人或者以保证金承担法律责任。

◆ 增值税专用发票是我国实施新税制的产物，是国家税务部门根据增值税征收管理需要而设定的，专用于纳税人销售或者提供增值税应税项目的一种发票。

增值税专用发票既具有普通发票所具有的内涵，同时还具有比普通发票更特殊的作用。它不仅是记载商品销售额和增值税税额的财务收支凭证，而且是兼记销货方纳税义务和购货方进项税额的合法证明，是购货方据以抵扣税款的法定凭证，对增值税的计算起着关键性作用。

增值税的开具有严格规定，纳税人对下列行为不得开具增值税专用发票：

①向消费者销售应税项目。

②销售免税项目。

③销售报关出口的货物。

④在境外销售应税劳务。

⑤将货物用于非应税项目。

⑥将货物用于集体福利和个人福利。

⑦将货物无偿赠送他人。

⑧提供非应税劳务转让无形资产或销售不动产。

⑨向小规模纳税人销售应税项目。

表 7-2　　　　　　　　　　　**增值税专用发票格式**

增值税专用发票

发票联　　　　　开票日期：

购货企业	名称： 纳税人识别号： 地址、电话： 开户行及账号：				密码区			
货物或应税劳务名称	规格型号	企业	数量	企业		金额	税率	税额
合　计								
价税合计（大写）				（小写）¥				
销货企业	名称： 纳税人识别号： 地址、电话： 开户行及账号：				备注			

收款人：　　　　　复核：　　　　开票人：　　　　销货企业：（章）

◆ 增值税专用发票仅限于一般纳税人领购，小规模纳税人和非增值税纳税人不得领购。

出纳人员要向税务机关提出领购发票的申请，并提供申请材料包括"盖有一般纳税人确认章"的税务登记证副本、出纳人员身份证明，企业财务专用章或者发票专用章印模以及税务机关要求提供的其他证件资料。

材料提交后，要经过县（市）税务机关的审批。审批通过后，出纳人员可收到专用发票管理部门核发的《发票领购簿》。

出纳人员可以凭《发票领购簿》、经办人身份证明到主管国税机关领购专用发票。

不论是普通发票还是专用发票都是企业纳税的依据，出纳人员应妥善保管。为了保证发票的安全，出纳人员要协助企业建立专门保管发票的制度，根据规定已开具的发票存根联和发票登记簿及账册应当保存 10 年，发票期未满时，出纳人员要将其存放在专门的地方保管，发票期满后，向主管税务机关查验后销毁。出纳人员不得擅自跨区域携带、邮寄、运输空白发票，更不能将空白发票带出境外。

◆ 发票丢失或被盗后，出纳人员要在第一时间报告主管税务机关，并接受税务机关的处罚。发票的遗失会给国家和企业造成经济损失，出纳人员要通过书面的形式报告国家机关，并在《中国税务报》公开声明发票已作废。

随堂测试

1. 发票的概念。

2. 普通发票的领购规定。

下　午　纳税申报有捷径

◇ 第一堂　出纳如何办理纳税代理

我国税法相当复杂，目前国家税务局和地方税务局负责的增值税、消费税、营业税、关税、企业所得税、外商投资企业和外国企业所得税、个人所得税、印花税、土地增值税、城镇土地使用税、房产税等共 19 种，加上海关部门和财政部门的税收种类就更为繁多。

现在发达国家的企业和个人主要委托总务咨询服务机构代理纳税，据了解，现在发达国家的税务代理已经发展得相当完善，美国约有 90% 的企业委托税务代理，日本有近 80% 的企业委托税务代理，澳大利亚也有 70% 以上的企业委托税务代理。现在我国代理纳税也已开始受到企业和个人的青睐，受到国家的支持和保护。

代理纳税指纳税人、扣缴义务人可以向税务代理机构递交书面申请，委托税务代理。按现行《注册税务师资格制度暂行规定》规定，税务代理的范围为：

（1）税务登记、变更税务登记和注销税务登记。

（2）除增值税专用发票外的发票领购手续。

（3）纳税申报或扣缴税款报告。

（4）缴纳税款和申请退税。

（5）制作涉税文书。

（6）审查纳税情况。

（7）建账建制，办理财务。

（8）开展税务咨询，受聘税务顾问。

（9）税务行政复议。

（10）国家税务总局规定的其他业务。

◆ 税务代理有多种形式，出纳人员为企业办理税务代理时，可以根据企业的纳税需求，选择不同的代理形式。根据《注册税务师资格制度暂行规定》第20条和第21条规定，代理人可根据需求，委托代理人进行全面代理、单项代理或常年代理、临时代理等，代理人有充足的选择权，形式非常灵活。

出纳人员在为企业选择税务代理人时一定要谨慎，现在我国税务代理市场还在形成期，中介代理可谓"鱼龙混杂"，稍有不慎就会毁坏企业信誉，并给企业造成经济损失。2007年深圳某实业公司因选择不正规的代理机构而触犯国家法律被处以8000元的罚款。这家企业成立于2000年5月份，因没有及时办理税务登记证手续，按规定要受到处罚。该公司为躲避处罚，便将此事交给代理机构处理。这家代理机构便采用违法的手段将委托人的营业执照和企业代码证上的日期作了改动，改动后的日期使企业的税务登记没有逾期，不用受罚。结果被税务人员查出，企业不但要缴纳税款，还得受到处罚。这就要求出纳人员寻找税务代理时一定要谨慎，不要受中介人员花言巧语的影响。应选择税务代理经验丰富，坚守职业道德的税务代理人。

随堂测试

1. 代理纳税的范围。

2. 代理纳税的形式。

◇ 第二堂　出纳如何处理纳税争议

出纳人员向税务机关报税时，可能会出现与税务机关在确定纳税主体、征税对象、征税范围、减税、免税及退税、适用税率、计税依据、纳税环节、纳税期限、纳税地点以及税款征收方式等具体行政行为发生争议，这就是纳税争议。发生纳税争议时，出纳人员可以通过申请复议和诉讼两种方式来解决。

1. 申请复议

申请复议时，缴税企业必须符合法定的复议条件才可以提出申请。按法律规定，申请人必须符合以下条件：

（1）申请人认为具体行政行为直接侵犯了其合法权益。

（2）被申请人很明确。

（3）复议请求有事实依据。

（4）符合申请复议范围。

（5）在复议机关管辖范围内。

（6）在提出复议申请前已经缴纳应缴税额或者解缴税款及滞纳金。

除了符合申请条件外，出纳人员的复议申请还必须在规定的时间内向国家税务机关提出复议，按规定缴税人可以在收到国家税务机关填发的缴款凭证之日起 60 日内向上一级国家税务机关申请复议。

如果企业对国家税务机关作出的税收保全措施、税收强制执行措施及行政处罚行为不服，出纳人员按规定可以在接到处罚之日起或者国家税务机关采取税收保全措施强制执行措施之日起 15 日内，向上一级国家税务机关申请复议。

如果缴税企业对税务机关的其他具体行政行为不服，可以在执行之日起的 15 日内向上一级税务机关申请复议。

◆ 出纳人员代表企业提出复议申请后，需要填写复议申请书，申请书中要有申请人的基本信息，包括申请人的姓名（指申请企业的名称）、性别、年龄、职业、住址等，并且还要填写被申请人的名称、地址及复议申请的理由。

出纳人员还要向受理企业提供缴税的证明材料，并保证这些材料的真实性，如果出纳人员提供假材料，会受到严重的处罚。

复议受理阶段，申请人可以根据需要申请回避，经复议机关同意后，申请人可以回避。如果国家税务机关侵犯了申请人的合法权益，出纳人员可以代表企业在申请复议时提出赔偿要求。

申请复议后，申请人可以根据事情的发展提出撤销申请复议的请求，经复议机关同意后，申请人的复议申请就会被撤销。

经复议机关审理申请人的复议后，会向申请人发送复议裁决书，作为申请代表，出纳人员一定要签收，如果申请人对复议决定不服，可以向法院起诉，如果在规定期限内申请人不起诉，就必须执行复议决定。

2. 诉讼

申请企业向法院提起诉讼时，主要有三种情况：一是复议申请不被受理，二是不服复议决定，三是对税务机关的其他行政行为不服。

对于第一种情况，复议申请人可以在收到拒绝受理裁决书之日起 15 日内，向法院就复议机关不受理裁决的事情提起诉讼。

对于第二种情况，申请人可以在接到复议决定书之日起 15 日内向人民法院提起诉讼。

对于第三种情况，申请人可以在接到税务机关的有关通知之日起 15 日内或者在具体行政行为之日起 3 个月内提起诉讼。

随堂测试

1. 申请复议的条件。

2. 申请诉讼的期限。